DIGITAL TRANSFORMATION OF AUTOMOBILE ENTERPRISES

Cognition and Realization

[加] 唐湘民 ◎著

汽车企业数字化转型

认知与实现

机械工业出版社
China Machine Press

图书在版编目（CIP）数据

汽车企业数字化转型：认知与实现 /（加）唐湘民著 . -- 北京：机械工业出版社，2021.10
（2023.1 重印）
ISBN 978-7-111-69149-5

Ⅰ. ①汽⋯　Ⅱ. ①唐⋯　Ⅲ. ①汽车企业 - 工业企业管理 - 数字化 - 研究　Ⅳ. ① F407.471

中国版本图书馆 CIP 数据核字（2021）第 186555 号

北京市版权局著作权合同登记　图字：01-2021-4738 号。

汽车企业数字化转型：认知与实现

出版发行：机械工业出版社（北京市西城区百万庄大街 22 号　邮政编码：100037）
责任编辑：杨绣国　　罗词亮
责任校对：马荣敏
印　　刷：保定市中画美凯印刷有限公司
版　　次：2023 年 1 月第 1 版第 3 次印刷
开　　本：147mm×210mm　1/32
印　　张：10
书　　号：ISBN 978-7-111-69149-5
定　　价：99.00 元

客服电话：（010）88361066　68326294

版权所有・侵权必究
封底无防伪标均为盗版

| 前言 |

写作本书的缘由

在数字化浪潮席卷各行各业的今天,几乎所有企业都将数字化作为其未来发展的战略重点,数字化转型成了最热门的话题。各种以数字化转型为主题的会议从不同视角和不同层次研讨不同行业数字化的重要性、紧迫性、规划蓝图、实施策略,而各种网络媒体上的研讨文章、社交评议、专家论述更是层出不穷,精彩纷呈。笔者认为,在自媒体和移动互联网十分发达的今天,星星点点的思想或理念,即使是闪光的、具有启迪意义的,也可以通过网络发布和分享,完全没有必要以书的形式出版;只有完整的、成体系的议题与有深度的理念,需要读者通过反复研读方可领略其妙的,才值得作为图书出版,以飨读者。

对于传统企业来说,数字化转型是基于数字化的技术革命,将引发深刻的组织变革、管理变革、业务提升和模式创新。传统企业必须推进数字化转型,才能在未来的发展中具有竞争力。传统企业转型成为全面数字化企业,就好比中国的铁路系统从传统的绿皮火车飞跃式发展为高速列车。数字化就是能够为企业带来巨大变革的时代力量。

当前比较普遍的现象是企业内各业务部门开展零星的数字化工作，这样是很难实现企业的全面数字化转型的，就像对绿皮火车进行改造，就算将火车的机车头改成高铁的流线型，将车厢内的设施换上跟高铁车厢一样的设施，绿皮火车还是绿皮火车。

因此，企业推进数字化转型必须有顶层设计和全面规划，必须针对企业的战略和业务制定数字化策略。企业的领导层要从这个高度来认识数字化转型的意义，对于汽车企业更是如此。

对于汽车企业来说，数字化转型是信息技术与汽车产品和汽车业务不断融合的必然产物。汽车涉及一系列专业技术，如车身技术、底盘技术、人机工程、NVH、动力技术、工艺和制造技术、主动安全和被动安全等；而信息技术也涉及一系列专业技术，如大数据、云计算、人工智能、数据中台，以及与智能网联相关的感知、通信、分析计算、控制技术等。

要制定汽车企业的数字化战略，既要有对汽车产品和业务的深刻认知，又要有对信息通信技术的深入研究和应用。而建立对汽车企业数字化转型的关键认知具有很大的挑战，需要有一本专著从汽车领域和信息技术领域进行全面而系统的论述。这是笔者写作本书的主要缘由。

笔者的职业生涯经历了信息技术和汽车产业从独立发展到不断融合的过程：首先在世界一流的软件公司从事信息技术工作，然后在大型汽车企业——长安汽车和广汽集团从事信息化、数字化工作。早在 2013 年第十一届中国汽车产业高峰论坛上，笔者就提出了"汽车产业将全面进入 IT 化时代"的论断。

笔者长期从事数字化领域的技术和管理工作，主导开展了一系列信息化、数字化工作，包括长安汽车面向"五国九地"全球协同研发的数字化平台建设、广汽研究院"全球研发办公一张桌"平台建设、广汽集团的数字化战略，以及大数据、试制工程数字化、高性能集群混合云建设等项目，这些经历为本书奠定了深厚的理论和应用基础。笔者结合在汽车企业的广泛应用，以及基于对整个产业的深入研究和系统性思考，逐步形成了以汽车企业数字化转型为主题，以对数字化的认知、技术路线，以及汽车企业如何实现数字化转型为主线的方法论，而以此方法论推进的汽车研发数字化转型取得了非常明显的成效。

笔者曾应邀在很多场合发表演讲，分享经验，很多观点和理念受到行业的高度认可。由于演讲内容丰富而时间有限，很多时候参会者表示听了演讲后意犹未尽，有的听了四五次还饶有兴趣，并且每场演讲后都有大量参会者索要讲稿，希望深入学习。本书正是在这一需求背景下写成的。

读者对象

本书主要面向汽车企业高管、战略规划师、CDO、CIO、业务人员、IT工程师等，同时对全体汽车企业管理和专业人员有参考价值。此外，汽车企业的零部件供应商、软件供应商、经销商、数字化转型咨询公司、服务商、ICT企业合作伙伴等对汽车企业数字化转型高度关注，本书对它们理解如何参与汽车企业的数字化转型也会有所启发。

本书从汽车和ICT两个行业系统阐述了数字化转型，因此也可以作为汽车行业和ICT行业针对高级管理人员和中高级专业人才开展数字化转型培训的教材。

本书既有理论，又有实践，理念和观点来自对很多产学研结合的项目的总结。笔者曾在大学任教多年，现在也是多所大学的兼职教授，诚感本书也可作为大学汽车工程、机电工程、计算机和软件工程等专业的教材。

本书虽然是以汽车企业为背景来阐述数字化转型，但书中的理念、方法和技术路线也适用于其他行业，特别是制造业。

本书特色

汽车产业作为国家的支柱产业，其数字化转型对于产业结构优化升级、汽车企业长远发展以及智慧城市和智慧交通建设都有十分重要的意义。传统汽车本身就是一项博大精深的工程，融合数字化技术成为智能化、网联化、电动化、共享化的智能汽车后，其复杂程度将达到前所未有的高度，由此引发的数字化转型就成为一项复杂而庞大的系统工程。国内外汽车企业纷纷提出数字化转型战略并积极推进数字化工作：无人驾驶、OTA（远程更新）、云平台、车联网、人工智能、大数据分析，以及数字化营销、个性化定制、移动出行等。从纷繁复杂的数字化转型案例和论述中提炼出一条数字化战略主线，系统清晰地阐述数字化转型的认知和实现，是本书的主要目标。

本书含有大量原创理念、理论、观点，如"微笑曲线2.0"、业务"数字化运营平台"、信息技术与产品和业务的融合三阶段、"软件定义、平台运营、业务在线、数据智能"的数字化能力等，欢迎注明出处后引用。书中的汽车企业数字化应用案例来自各企业官方发表或发布的内容、本人与汽车企业专家学者研讨而产生的认知和理解、公开的会议资料，以不侵权、不泄密、不广宣为原则，并力求准确无误，如因更新等原因与信息来源者所发布的信息有偏差，以信息来源者的官方信息为准。

本书主要内容

本书共10章，在逻辑上可分为四部分。

第一部分（第1章） 汽车企业为什么必须推进数字化转型

第1章论述了汽车企业为什么必须推进数字化转型。汽车是不断集成科技成果的产物，如集成最新信息通信等技术，汽车的发展趋势是电动化、智能化、网联化、共享化（"新四化"）。"新四化"推动汽车企业通过车联网连接产品，通过移动应用连接用户，进而将从"以产品为中心"的生产制造型企业发展为"以用户为中心"的制造加服务的科技型企业。伴随着信息通信技术的飞速发展，围绕"以用户为中心"，汽车企业必须通过数字化转型成为移动出行服务商，才能在数字化时代具有竞争力，从而得以长远发展。

第二部分（第2～7章） 数字化转型的核心理念和实现的技术路线

要推进数字化转型，一定要深刻认识到过去的信息化与今天的数字化及数字化转型的区别。第2章阐述了信息化、数字化、数字化转型三者之间的区别。基于此，笔者提出了数字化转型的首要任务是明认知、转观念、重数据。

第3章阐述了信息技术与产品和业务的融合。该章首先介绍了信息技术的发展历程，以此为基础，笔者提出了将信息技术与产品和业务的融合分为"辅助、支撑和支配"三个阶段,并指出信息技术从早期第一阶段的辅助已经发展到今天对产品或业务的支配作用。然后,指出了在信息技术支配产品或业务的新形势下,汽车企业在产品创新和业务开展上应当重视的几点启示。

第4章基于广汽研究院在推进数字化转型中的成功案例详细剖析了什么是信息化,什么是数字化和数字化转型,展示了传统业务在数字化平台上运营、实现数字化转型所取得的明显成效。

第5章重点介绍了业务"数字化运营平台"(或称"数字化运营平台")指出数字化转型的实质是业务从物理世界向数字空间的升迁,其实现的技术基础是数字化运营平台,数字化运营平台带来了业务模式的创新。

第6章阐述了数字化运营平台架构及数据智能应用。数字化运营平台突破了传统信息化架构的局限,采用前台—中台—后台三层架构,应用云计算、数据湖、大数据、人工智能等先进技术实现数字化转型所需的海量数据处理、业务在线、数据智能应用。在数字化平台架构中构建数据中台,数据将得到智能应用。数据中台是数据智能的引擎。数字化运营平台是开展业务的模式创新,而数据智能则是数据价值化的最大体现。

第7章围绕数据这一企业核心资产,首先论述了企业数据管理、服务和价值创造的重要性,继而介绍了企业建设和应用大数据平台的意义,最后指出基于统一标准、统一数据、统一平台实现企业数字化运营是企业"以用户为中心"的真正体现。

第三部分(第8~9章) 汽车企业数字化转型的实施重点和总体策略

第8章详细论述了汽车企业数字化转型的4个实施重点:产

品数字化、业务数字化、竞争优势生态化和数据资产价值化。

第 9 章论述了汽车企业数字化转型的总体策略,包括数字化转型战略和推进思路,是在第 8 章汽车企业数字化转型实施重点的基础上更全面地探讨数字化转型的愿景、规划、蓝图、推进原则和资源保障。

第四部分(第 10 章) 汽车企业数字化转型的关键认知和实现策略

本部分是本书的总结,论述了汽车企业数字化转型的关键认知和实现策略,包括汽车产业变革、汽车产品及其服务新形态、数字化转型必然性和紧迫性三个方面的认知,以及做数字化转型的推动者、经营用户和服务用户、核心使能技术应用、打造未来发展核心能力、转型成为移动出行服务商五个方面的实现策略。

数字化转型既是业务转型、技术转型,也是管理转型、文化转型,涉及企业和产品的各个方面、各个层次。要对汽车企业数字化转型进行毫无遗漏的全面论述,一本书显然是不可能实现的。本书主要聚焦在对汽车企业数字化转型必然性和紧迫性、核心理念和技术路线、实施重点和总体策略的认知与实现这条主线上,较少涉及组织、文化、体系等的数字化变革以及信息安全等重要的基础支撑工作。

致谢

在本书的撰写过程中,笔者得到很多领导和专家的帮助。特别感谢广汽研究院关乔副院长和东风集团技术中心林斯团部长给予的支持和提出的宝贵建议。广汽研究院数字化专家廖政高、唐烨，华为数字化专家庄德升对部分章节的写作有很大贡献。书中的很多新观点、新理念是笔者和行业专家长期、多次探讨逐步形成的，这些专家包括宁振波、黄培、苏立清、杨超英、胡朝晖、李义章、徐亚波、范铤、吴展慧、梁维新、苏超、余元源、谢欢、张刚毅等，在此一并表示感谢。

本书聚焦中国自主品牌传统汽车企业，也关注合资汽车企业数字化转型、造车新势力数字化转型，相关内容的完成得益于与一汽-大众车联网专家李琳、蔚来汽车 CIO 王胜军、理想汽车 IT 总监王会菲的交流，感谢他们。感谢广东省数字化联盟秘书长袁宏伟的协助。感谢机械工业出版社策划编辑杨福川及相关工作人员提供帮助，他们按高质量、高标准的要求完成了本书的出版。

在推进广汽集团和广汽研究院数字化转型的过程中，笔者得到了集团和研究院领导、专家、同事的大力支持和帮助，对此笔者深怀谢意。本书是广东省"珠江人才"科技创新领军人才项目、广州市产业创新"领军人才"项目、番禺区"领军人才"创新项目工作的一部分，在此对省、市、区三级项目资助表示感谢。

唐湘民

广州汽车集团股份有限公司汽车工程研究院首席技术总监

广州汽车集团股份有限公司数字化转型技术负责人

广东省数字化联盟创会理事长

2021 年 9 月于广州市番禺区锦绣香江

| 目录 |

前言

| 第 1 章 | 数字化转型是汽车企业未来发展的
必由之路 1
 1.1 汽车产品发展趋势 3
  1.1.1 汽车是不断集成最新科技成果的产物 3
  1.1.2 汽车产品新四化——电动化、智能化、网联化、
     共享化 6
 1.2 传统汽车制造商面临的挑战 8
  1.2.1 中国汽车行业发展进入普及期 8
  1.2.2 跨界造车蔚然成风 9
 1.3 数字化带给汽车企业的发展机遇 11
 1.4 传统汽车企业的转型升级 15

  1.4.1　传统汽车企业从"以产品为中心"到
     "以用户为中心"　15

  1.4.2　传统汽车企业转型为移动出行服务商的
     数字化战略　18

1.5　数字化时代汽车产业新特征及数字化转型　20

  1.5.1　汽车产业新特征和微笑曲线 2.0　20

  1.5.2　顺势而为，推进汽车企业数字化转型　24

1.6　汽车企业数字化转型势在必行　29

  1.6.1　只有通过数字化转型，汽车企业才能成为
     移动出行服务商　30

  1.6.2　只有通过数字化转型，汽车企业才能应对
     未来的挑战　31

|第 2 章| 信息化、数字化与数字化转型　32

2.1　信息化　33

2.2　数字化　37

  2.2.1　基于三维模型的数字化　38

  2.2.2　基于数据的数字化　40

2.3　数字化转型　44

  2.3.1　数字经济　44

  2.3.2　CIO 正在成为 CEO　47

  2.3.3　信息化、数字化与数字化转型的区别　49

2.4 汽车业务的信息化、数字化、数字化转型案例 54

2.5 数字化转型首要任务：明认知、转观念、重数据 59

|第 3 章| 信息技术与产品和业务的融合 62

3.1 信息技术发展及应用 63

3.1.1 信息技术发展及应用模式的演变 64

3.1.2 产品中的软件和业务的数字化平台 69

3.2 信息技术与产品和业务融合的三个阶段 76

3.2.1 信息技术与产品的融合 77

3.2.2 信息技术与业务的融合 79

3.3 数字化时代的产品和业务创新 81

3.3.1 软件定义产品，平台赋能业务 81

3.3.2 基于软件和平台的创新 83

3.3.3 智能网联汽车是软件定义和平台赋能的产物 85

3.4 信息技术从辅助到支配对企业数字化转型的

几点启示 87

|第 4 章| 构建数字空间，让传统业务在数字化

平台上运营 90

4.1 汽车样车试制及其挑战 91

4.2 试制管理系统 94

4.3 试制业务数字化实现 98

4.3.1　数字空间的构建　　　　　　　　　　98
　　　4.3.2　试制生产模式创新　　　　　　　　　115
　4.4　试制生产数字化成效　　　　　　　　　　　119
　4.5　广汽研究院数字化发展路径　　　　　　　　120

|第 5 章|　数字化运营平台与业务模式创新　　　125

　5.1　数字化平台的兴起　　　　　　　　　　　　126
　5.2　数字化集成平台　　　　　　　　　　　　　129
　5.3　业务"数字化运营平台"　　　　　　　　　130
　　　5.3.1　业务"数字化运营平台"的构成和运用　131
　　　5.3.2　业务"数字化运营平台"应用案例　　136
　5.4　数据驱动的企业统一数字化运营平台　　　　139
　　　5.4.1　典型案例　　　　　　　　　　　　　139
　　　5.4.2　汽车企业统一数字化运营平台　　　　142
　　　5.4.3　数据驱动数字化运营平台的业务开展　144
　5.5　数字化运营平台带来业务模式创新　　　　　148

|第 6 章|　数字化运营平台架构与数据智能　　　150

　6.1　从信息化架构到数字化架构　　　　　　　　151
　　　6.1.1　传统 IT 架构及其局限　　　　　　　　153
　　　6.1.2　数字化转型对平台架构的要求　　　　156
　6.2　数字化运营平台架构　　　　　　　　　　　157

  6.2.1　平台架构的基础设施　160

  6.2.2　平台架构：后台　165

  6.2.3　平台架构：中台　167

  6.2.4　平台架构：前台　171

  6.2.5　平台架构应用案例　171

 6.3　商务智能、数据中台及数据智能应用　174

  6.3.1　商务智能及数据可视化应用　174

  6.3.2　数据中台及数据智能应用　176

|第 7 章| 以数据为核心，实现企业数字化运营　182

 7.1　数据是数字化的产物，是企业的核心资产　183

 7.2　数据资产的管理、服务和价值创造　184

  7.2.1　业务数据化　187

  7.2.2　数据资产化　187

  7.2.3　资产服务化　191

  7.2.4　服务价值化　191

 7.3　企业大数据平台及应用　192

  7.3.1　大数据平台　193

  7.3.2　社交媒体大数据平台案例　196

  7.3.3　基于社交媒体的大数据对质量、竞争力的

     洞察应用　198

 7.4　企业数字化运营　202

7.4.1 统一数据 202

7.4.2 "以用户为中心"的数字化运营 204

第8章 汽车企业数字化转型实施重点 207

8.1 汽车企业数字化转型当前推进热点及实施重点 208

8.1.1 当前汽车企业数字化转型推进热点 209

8.1.2 汽车企业数字化转型应当实施的4个重点 213

8.2 汽车产品数字化 214

8.2.1 智慧出行 215

8.2.2 智能网联汽车架构 218

8.2.3 智能驾驶汽车 220

8.2.4 车联网平台及服务 227

8.2.5 车联网大数据及应用 231

8.2.6 广汽智能网联云生态平台 235

8.3 汽车企业业务数字化 236

8.3.1 数字化技术应用与业务提升 237

8.3.2 业务模式创新运营 241

8.3.3 数字化服务及新型业务 248

8.4 汽车企业竞争优势生态化 250

8.4.1 产品开发生态 250

8.4.2 智能服务生态 252

8.5 汽车企业数据资产价值化 255

  8.5.1 数据源和数据治理 255

  8.5.2 汽车企业大数据平台建设及应用 258

  8.5.3 大数据在洞察产品、用户方面的应用 261

|第9章| 汽车企业数字化转型总体策略 264

9.1 数字化转型总体策略 265

9.2 汽车企业数字化转型战略 270

  9.2.1 数字化转型的愿景 270

  9.2.2 数字化转型的目标和技术路线 271

9.3 汽车企业数字化转型推进思路 273

  9.3.1 数字化转型蓝图制定与规划 274

  9.3.2 数字化转型的核心能力建设 275

  9.3.3 数字化转型实施路径与阶段 277

  9.3.4 数字化转型推进原则 281

  9.3.5 数字化转型组织和资源保障 282

|第10章| 汽车企业数字化转型的认知与实现 284

10.1 汽车企业数字化转型的认知 286

  10.1.1 对汽车产业变革的认知 286

  10.1.2 对汽车产品及其服务新形态的认知 288

  10.1.3 对数字化转型必然性和紧迫性的认知 289

10.2 汽车企业数字化转型的实现 290

10.2.1	做数字化转型的推动者	291
10.2.2	"以用户为中心"，经营用户和服务用户	294
10.2.3	将信息技术作为核心使能技术应用于汽车产品和业务	297
10.2.4	打造汽车企业在未来竞争中的核心能力	298
10.2.5	基于全面数字化，转型为具有竞争优势的移动出行服务商	299

| 英文缩略词表 | 301 |

第 1 章 CHAPTER 1
数字化转型是汽车企业未来发展的必由之路

数字化大潮正席卷全球，推动各行各业朝着数字化、智能化的方向发展。数字化催生的创新层出不穷，新产品、新模式、新业态不断涌现。数字化给传统产业带来了前所未有的增长机遇，也对传统企业的战略、运营模式、观念方法等提出了难以应对的挑战。

我国汽车产销量连续十多年高速增长，但目前增速明显放缓。一方面，众泰、猎豹、力帆、华晨等传统汽车企业相继破产倒闭，而另一方面，恒大、格力、小米、滴滴等无造车背景的企业跨界进军汽车行业的消息不断传来。传统汽车企业既感受到了市场冬日的寒意，又倍感来自造车新势力的无形压力。汽车企业如何才能拥有数字化时代需要的核心竞争力，从而屹立不倒？汽车企业，特别是传统汽车企业，如何抓住数字化带来的发展机遇？汽车企业是否一定要转型？如何转型？这些是汽车产业和汽车企业决策者、行业精英、管理者，甚至每一个汽车人都要面对的问题。

作为本书的开篇，本章论述了数字化给汽车企业带来的巨大而深刻的变革，以及为什么要实现数字化转型。首先，汽车是不断集成最新科技成果的产物。通过集成新一代信息和通信技术，汽车正朝着电动化、智能化、网联化、共享化的方向迅速发展。汽车企业通过车联网连接产品，通过移动应用连接用户，从而由"以产品为中心"的生产制造商向"以用户为中心"的移动出行服务商转型升级。其次，在数字化时代，汽车产业价值链附加值特征将发生明显变化，软件、平台、数据、服务等成为企业价值创造的关键因素，必须作为企业数字化转型的核心能力来打造。最后，数字化转型既是汽车企业成为移动出行服务商的唯一选择，又是其获得应对未来挑战必备竞争力的唯一方式，即数字化转型是汽车企业未来发展的必由之路。

1.1 汽车产品发展趋势

随着数字化时代的到来,计算机技术、通信技术、IoT(物联网)、人工智能、大数据、云计算等数字化技术的发展正在深刻影响汽车产品和汽车产业。汽车不断集成科技成果,正朝着新四化——电动化、智能化、网联化、共享化——方向快速发展。

1.1.1 汽车是不断集成最新科技成果的产物

汽车是什么?对于专注于为用户打造高品质产品的汽车企业来说,汽车是不断集成最新科技成果和时尚元素的产物。从机械产品到机电产品,再到今天的智能网联产品(见图1-1),汽车一百多年来的发展史就是一部科技成果的集成史。汽车最早属于机械产品,随着电子技术的发展和应用,新的电子器械不断出现,汽车将出现的电子器械和技术进行集成,如集成ABS、ESP、安全气囊等,就变成了更加舒适安全的机电产品。现在的触摸屏、摄像头、语音识别、人脸识别等科技成果不断地被集成

机械产品　　　　　机电产品　　　　　智能网联产品

图1-1　汽车通过不断集成科技成果,从机械产品发展为智能网联产品

进来,汽车越来越智能了。20世纪70年代出现的ABS是最早集成软件控制的电子单元。从20世纪80年代的燃油喷射、90年代的车载诊断系统、2000年的混合动力汽车到2010年的第一代车联网,软件代码量越来越大。

信息和通信技术的发展对汽车的影响越来越明显。以移动通信为例,在1G技术得到应用时,第一代车联网实现了紧急救援;2G时实现了车辆信息读取和远程控制;3G时实现了人的个性化信息娱乐;4G、5G时则将实现人—车—路的协同,也就是智慧交通与自动驾驶。到了今天的数字化时代,技术发展得太快,5G技术、人工智能、IoT、大数据、云计算等集成起来实在是太复杂。

汽车正在从机电产品发展成为智能网联产品,而特斯拉就是新一轮科技革命发生以来最新科技成果的集大成者(见图1-2),并取得了巨大成功。

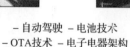

图1-2 特斯拉是集成最新科技成果的典范

特斯拉在电池技术、OTA及电子电气架构、自动驾驶等方面都有突破性的创新。

（1）电池技术

电池技术是特斯拉最引以为傲的优势领域之一，而电池管理系统（BMS）是其中的关键。由相当于BMS"大脑"的主控模块负责电压电流控制、接触器控制、对外部通信等功能，从而实现对电池健康状态的远程实时监控。

（2）OTA及电子电气架构

OTA使特斯拉汽车可以像智能手机一样进行系统升级，从而持续为用户带来新的功能、内容和体验。传统车企的OTA通常局限于对车辆零部件的功能进行远程控制或升级，主要原因在于底层的电子电气架构不同。在传统的汽车供应链中，OEM（汽车主机厂）高度依赖博世、德尔福（现为安波福）等供应商提供的ECU（电子控制单元）。不同的供应商提供的ECU有着不同的嵌入式软件和底层代码，整车企业没有权限维护和更新ECU，极大地影响了用户体验。特斯拉采取集中式的电子电气架构，即通过自主研发底层操作系统并使用中央处理器对不同的域处理器和ECU进行统一管理。这种架构与智能手机和PC非常相似。实现整车OTA功能后，特斯拉可以通过系统升级持续改进车辆功能，软件在一定程度上实现了传统4S店的功能——持续为交付后的车辆提供运营和服务。

（3）自动驾驶

特斯拉的自动驾驶系统Autopilot是其目前最重要的应用软件。传统汽车与智能汽车最大的区别在于驾驶系统。作为最早搭载自动辅助驾驶系统的电动车,特斯拉拥有全球规模最大的辅助驾驶车队,Autopilot 行驶里程超过 20 亿公里,远超其他竞争对手,并且车队规模保守估计以每年约 40 万辆递增。目前主流智能汽车主要配备辅助驾驶系统,尚无企业实现完全自动化驾驶系统。

从 2010 年到 2020 年,短短 10 年时间里,特斯拉的股价上涨了 40 倍,市值超过百年老店丰田。由此可以看出,集成科技成果、加快数字化转型是传统汽车企业发展的出路所在。

汽车的未来在于集成信息技术、通信技术,成为智能网联数字化产品。笔者早在 2013 年就提出了汽车产业将全面数字化的论断。集成信息技术、通信技术,对于传统的汽车企业既是巨大的挑战,也是时代带来的决定生死存亡的机遇。

对于时代机遇,马云说过,决策者不要看不见,看不懂,看不起,否则将来不及。

十年前,互联网企业的创始人和汽车企业的领导者坐在一起讨论汽车的未来时,汽车企业的领导们对互联网企业创始人将颠覆传统汽车企业的豪言不屑一顾。今天,汽车的形态在变,生产方式在变,商业模式在变,核心技术在变,我们不能"看不见";特斯拉销售热门车型 Model Y 可以任性狂降 16 万元,蔚来市值超过宝马,我们不能"看不懂";无任何造车经历的外部企业跨界造车好像成了一种时尚,我们不能"看不起",否则我们最终的命运很可能就是"来不及"。

1.1.2 汽车产品新四化——电动化、智能化、网联化、共享化

汽车集成最新科技成果,汽车产品将朝着新四化——电动

化、智能化、网联化、共享化的方向发展。在新四化中，电动化、智能化、网联化是技术，共享化是应用模式。智能化、网联化、共享化这三化与数字化有关，电动化是能源技术应用，这里不做介绍。

汽车智能化是汽车产品本身的一次技术升级，是在传统汽车基础上，增加先进的传感器、控制器、执行器等装置，通过车载传感系统和信息终端实现与人、车、路等的智能信息交换，使车辆具备智能的环境感知能力，能够自动分析车辆行驶的安全性，并使车辆实现复杂路况下的安全行驶，最终实现完全的自动驾驶。汽车的智能化程度已经成为客户购车时的重要考虑因素。

汽车网联化是指网联汽车通过通信设备实现车与车之间的连接，车与网络中心、智能交通系统等服务中心的连接，甚至是车与住宅、办公室以及一些公共基础设施的连接，同时实现车内网络与车外网络之间的信息交换，全面解决人—车—外部环境之间的信息交互问题。在万物互联的时代，汽车与生态中设备的互联将是大势所趋，并将催生出无限场景的创新应用。

汽车保有量日渐增加，使城市交通越来越拥堵，通勤时间变长，停车难成为常态。汽车共享为城市出行提供了一种新的选择，有助于降低个人购车意愿，一定程度上缓解城市私人小汽车对道路和停车资源的占用。

共享出行乃至更广层面的出行服务已经成为汽车产业发展的趋势，几乎所有的汽车企业都认识到向移动出行服务商转型势在必行。"新四化"蓝图的逐步落地，必将加快整个汽车产业生态的重塑进程。

1.2 传统汽车制造商面临的挑战

近年来，汽车行业竞争不断加剧。一方面，中国汽车市场已由增量市场转为存量市场，增速明显放缓；另一方面，滴滴、恒大、小米、格力等外界企业纷纷宣布进军汽车产业。传统汽车企业感受到了车市寒冬，厂商与经销商压力倍增。大众汽车CEO迪斯甚至断言："传统汽车制造商的时代已经过去了。"

1.2.1 中国汽车行业发展进入普及期

汽车产业的发展一般会经历起步期、高速成长期、普及期、普及后期及饱和期五个阶段。美、德、日、韩等发达国家汽车行业的演变历程表明，在进入普及期后，市场开始发生深度调整，增速会趋缓，在普及后期增长率会变为个位数（见图1-3）。

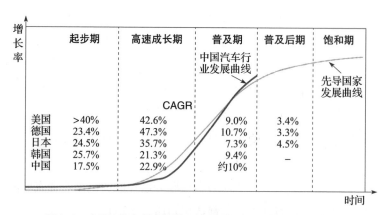

图1-3 中国汽车行业发展进入普及后期，产量增长速度将放缓

数据来源：中国汽车流通协会 奥德思汽车研究 巨量引擎-汽车数据策略研究院整理 整理日期：2019.9

中国汽车市场目前已进入普及后期，市场尚未饱和，仍有一定的成长空间，但发展速度已经趋缓。

根据中国汽车流通协会统计数据，中国汽车产业的复合年均增长率已经降至10%，未来可能继续降低。2020年，中国汽车销量2527.2万辆，远高于美国的1450万辆、日本的460万辆、德国的292万辆、韩国的190万辆，在这种体量的产销基数下高速增长是难以持续的，增长率将进一步降低。从发展特点来看，由量变到质变，行业面临进一步的整合和结构调整，增速下滑，销量萎缩，资源向头部企业集中将会是未来市场的新常态。

中国汽车行业增速已经放缓，靠提升产量来增长已经比较困难了，必须从单纯追求销量增长转向追求高质量增长。汽车企业靠什么转向高质量增长？靠的是集成最新的科技成果和创新模式应用，更具体地说，需要集成更多的信息和通信技术以及数字化时代的模式创新。全球汽车行业利润逐步向自动驾驶及电动车零部件、数据及车联网服务、移动出行等新兴业务延伸，新兴业务利润在整个汽车价值链中的占比将从2017年的1%增长到2035年的40%。以数字化转型应对时代变革正在成为汽车企业领导者的共识。

1.2.2　跨界造车蔚然成风

无任何造车背景的企业涌入汽车产业，是汽车研发制造的门槛降低了吗？显然不是。中国品牌汽车的品质近年来有了很大提升，随着汽车企业推行工匠精神、精致工程，国产自主品牌汽车在造型、工艺、性能等各方面都已赶上甚至超越国外品牌。造车的门槛不是降低了，而是越来越高了。

2019年8月28日，恒驰新能源汽车横空出世，恒大集团宣布造车。2021年4月6日晚间，有消息称，滴滴出行开始启动造车项目。跨界造车的企业主要来自互联网企业、手机生产商、家电企业、地产企业。互联网企业有滴滴、美团、百度、奇虎360，手机生产商有小米、OPPO，家电企业有格力、创维、乐视，地产企业有恒大集团、宝能（见图1-4）。这些跨领域企业进入造车行列，成为造车新势力。有的选择直接"下场"造车，有的选择以供应商的方式提供服务。前者有百度、小米、奇虎360，后者则包括华为、美的等企业。

图1-4 汽车产业外部企业造车成为一种风气

新势力造车主要基于两个原因。

1）新势力企业在业务场景上对智能无人驾驶汽车具有强烈的需求，例如：美团需要有无人车、无人机配送的业务场景，滴滴有自动驾驶出租车的业务规划等。

2）新势力相较传统车企在用户黏性、智驾算法、车联网安全等方面具有优势,例如:滴滴掌握海量用户数据,可以建立特定线路、特定时段的无人驾驶接送客场景;小米连接设备达到3.25亿台,可精准捕捉用户需求;奇虎360帮助某车企发现十几个漏洞,避免车辆被远程开关车门、启动、熄火,推动车联网安全生态建设。

1.3 数字化带给汽车企业的发展机遇

传统汽车企业如何应对日益严峻的挑战?在数字化时代,汽车企业的机遇是什么?

其实,只要我们理解了数字化时代汽车产业的演进路线,理解了时代赋予汽车产品的使命,即使有更多产业外企业进入汽车产业,汽车产业仍然有着非常广阔的前景。

传统汽车企业亟须深刻理解数字化时代汽车产业的发展方向,制定和推进数字化转型战略,从而告别传统,把握住巨大变革中的发展机遇,得以持续发展。

我们先来看看从电话到智能手机的演变历程。传统的电话主要是用来通话的,但一个人打电话其实并不只有简单通话的需求。例如,通话涉及旅游,他就会希望分享一些旅游中拍摄的照片。但由于技术的限制,过去的电话是不能发照片的。通话时他当然也希望看到对方,能够视频通话,以前也是不能实现的。通话的时候他也许还希望群聊,也就是建立个聊天群、社交群,多人一起聊,过去也是不能实现的。通话的时候他也希望知道对方在什么地点,告诉对方在什么地方见面,这就需要分享地理位置(见图1-5)。类似的场景还有很多,其实是人们通话时希望实现的场景，只是在过去由于技术的限制，无法满足用户的需求而已。

从电话到智能手机

通话

- 通话
- 拍照
- 视频通话
- 群聊-社交
- 地点分享
- 位置共享
- ……

图1-5　智能手机从电话演变而来，功能得到极大丰富

今天有了智能手机，上述用户通话时的所有场景都能以数字化手段实现。因此，通话这个原来电话的主要功能，在今天的智能手机中已变得毫不起眼。而以丰富的方式高效表达与传递各种场景的信息才是用户满意的功能。

汽车也是一样。人们为什么要买车？因为工作或生活中要出行，要从A点到B点。目前的汽车只能作为一个从A点到B点的交通工具。实际上，用户从A点到B点一定是有某种目的的，如开车去参加会议，去商店购物，去外地旅游观光等。那么，他的需求一定不只是从A点到B点这样一个简单的位置移动。伴随着这一位置移动的过程，还有这一对应场景下的服务。

我们可以设想出很多移动出行需要服务的场景。从A点到B点，常见的场景有沿途景点推荐、美食订餐推荐、车辆服务推荐、停车场推荐预约、智能家居个性化控制（见图1-6）。

- ❏ 沿途景点推荐包括组队出行、车载对讲沟通、路过著名景点和名吃推荐。
- ❏ 美食订餐推荐包括用户经常前往的餐厅风格个性化推荐、

用餐预约、优惠提醒、在线点餐。
- 车辆服务推荐包括油量警报并导航到加油站,为车辆维修推荐维修点。
- 停车场推荐预约包括停车位预约、免费停车信息。
- 智能家居个性化控制包括室内灯光控制、空调开启、音乐播放、热水器开启等。

从交通工具到移动出行服务提供者

图1-6 智能汽车将从交通工具发展为移动出行服务提供者

如果用户希望在路途中工作,汽车可以成为办公空间:设置会议桌后,可以多方视频开会、放映PPT材料、获取任何工作需要的信息等。

因此,从用户需求的角度来说,汽车需要满足的不是从A点到B点的简单交通需求,而是像在家里或办公室一样的各种生活和工作场景的需求,这些正是未来智能化汽车能够实现和满足的。智能汽车服务智能交通，智能交通服务智慧城市。跳出将汽车作为简单的交通工具的思维局限，汽车企业要成为移动出行服务商，汽车产业将具有广阔的发展前景。

智能手机与过去旧式电话的根本区别在于智能手机有操作系统。有了操作系统，智能手机就可以运行各种软件，提供上网、娱乐、购物、生活服务等互联网、物联网上无穷无尽的服务。未来智能化汽车一样有操作系统等一系列软件，同样可以连接各种服务，将人从驾驶中解放出来，允许其在乘坐中娱乐、休息和办公。车主和乘客可以享受移动出行中各种场景下的智能服务。

智能手机这一新兴产业比起传统电话的产业要庞大得多。人们往往把未来的汽车视为像智能手机一样的智能终端，而笔者认为，智能汽车比智能手机要复杂得多。

首先，汽车的工况比手机要复杂得多，比如汽车的驾驶执行机构（行驶、转向、制动等）是手机所没有的。

其次，汽车对数据和计算能力的要求比手机要高得多。例如，AEB（自动紧急刹车）辅助功能，通过行人探测系统与前向物体识别摄像头准确识别汽车、自行车、摩托车、行人等移动物体，快速运算并准确判断前方可能出现的危险目标。当检测到与前方物体存在较大碰撞风险时，系统会结合车辆当前的行驶状态与驾驶员的操作行为做出预判，以最快的反应速度接管制动系统，及时刹车以保证行人与车辆安全。这一功能需要对大量数据进行准确、高速计算，这是手机无法比拟的。

与从 A 点到 B 点的交通工具制造产业相比，移动出行服务是一个更大的产业。这个产业不仅需要汽车制造商，还需要智能化、网联化、交通管理部门、一切出行服务的提供者。可以想象,这样一个巨大的产业将容纳非常多的ICT(信息与通信技术)企业、服务企业。因此,我们将看到越来越多无汽车制造背景的企业进入汽车产业。

汽车智能化趋势的终极状态是无人驾驶,将经历智能辅助驾驶、半自动驾驶、自动驾驶等阶段。汽车将逐步脱离纯粹出行工具的形态,而智能出行、数字化服务以及云端各类丰富的服务将慢慢植入,为客户出行提供全新的生活方式。

有人说汽车是家庭、工作单位之外的第三空间。当人在家时,生活上需要的一切基本都能唾手可得。当人在办公室时,工作上需要的一切就在身边。当人在车上时,人们同样希望能够有需要的一切,这也是用户体验的一部分。

数字化的产品,数字化的生态,数字化的服务。数字化将为汽车产业带来新的商业模式和运营模式,同时为汽车企业带来巨大的发展机遇。

1.4 传统汽车企业的转型升级

汽车的新四化发展趋势将推动汽车企业从"以产品为中心"向"以用户为中心"转型升级。遵循"以用户为中心"的理念,伴随着汽车产品与ICT技术的不断融合和发展,汽车企业最终将转型为智能移动出行服务商。

1.4.1 传统汽车企业从"以产品为中心"到"以用户为中心"

汽车产品的"新四化"带来了汽车企业的转型升级。

在互联网进入汽车产业之前,汽车企业的使命就是为用户生产出高质量的车。汽车产品通过 4S 店销售,维修、保养等服务由 4S 店来负责。

传统的汽车企业是以产品为中心的,汽车厂家只要把产品做好就可以了。汽车企业的核心技术是四大传统工艺(冲压、焊装、涂装、总装)以及数控等加工工艺。

随着数字化技术的发展,汽车正朝着"新四化"的方向发展,使我们可以连接用户、连接产品(见图 1-7)。

过去,汽车企业通过 4S 店把车卖给用户,卖出去的车与汽车企业基本没什么关系。车有什么质量问题,用户就会找 4S 店维修。现在汽车企业通过车联网连接汽车产品,实时获取车的运行状态、司机的驾驶行为、车辆行驶的环境、车辆预警信息等。这是汽车企业通过车联网连接汽车产品。

汽车企业也直接连接着用户。目前几乎所有的汽车企业都为用户提供移动 App,移动 App 使用户与汽车企业可以随时双向沟通。这是汽车企业通过移动 App 连接用户。

汽车企业连接了汽车产品,连接了用户,就可以对产品和用户有全面的了解,进而为用户提供更好的产品与服务。这一改变使汽车企业从原来"以产品为中心"向"以用户为中心"的商业和服务模式转变成为可能。

以产品为中心,企业生产什么,用户就购买什么,用户处于被动接受状态;而以用户为中心,用户需要什么,企业才生产什么,用户参与到产品设计中。对于汽车企业而言,汽车的生产线大都实现了柔性生产,即同一条生产线可以生产多个车型。生产的计划、生产的排程是根据用户订单、经销商需求、市场预测等

第1章 数字化转型是汽车企业未来发展的必由之路

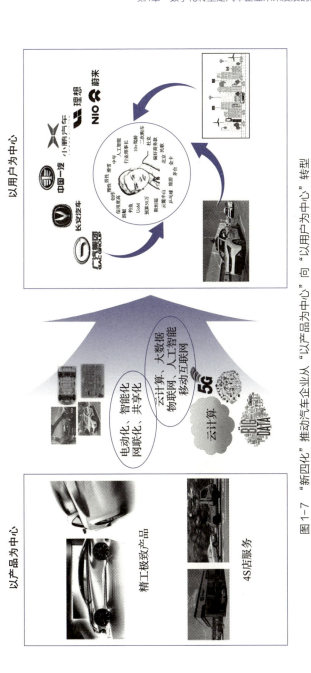

图1-7 "新四化"推动汽车企业从"以产品为中心"向"以用户为中心"转型

17

因素确定的。但是，以用户为中心，汽车企业需要回答的是用户究竟需要什么车型、什么配置，工厂应该生产多少，哪些车型应该多生产，哪些车型应该少生产，以及基于当前的订单数如何引导用户产生更多的购买需求等。

汽车企业不仅要把车这个产品做好，还要向用户提供很好的服务，也就是"以用户为中心"。以用户为中心，汽车企业不仅要为用户提供需要的车，还要在购车、用车整个生命周期中为用户提供优质的服务。不仅车要做得好，而且车要用得好，这反过来倒逼汽车企业关注从设计、制造、营销到服务的全过程。

用户对于传统汽车主要关注价格、油耗、安全、品牌、空间、外观、动力、性能、质量、操控性等，而对于智能网联汽车的关注点主要是自动驾驶、整车 OTA、实时在线、驾乘体验（如起步、加速、NVH⊖、车机交互和娱乐）等。这些体验基本上只能通过数字化来实现。而用户的个人喜好、主观感受各不相同，汽车企业必须为用户提供千人千面、千车千面的个性化贴心服务，才能符合或超出用户的期待。这类个性化的智能服务是传统汽车难以实现的，数字化的汽车才能大显身手。

汽车企业通过车联网连接产品，通过服务平台连接用户。因此，汽车企业可以从"以产品为中心"向"以用户为中心"转型升级，从"制造型"企业向"智造＋服务的科技型"企业转型升级。

1.4.2　传统汽车企业转型为移动出行服务商的数字化战略

汽车将成为智能网联的数字化智能产品，汽车厂商将从传统

⊖　噪声、振动和声振粗糙度。

的生产制造商转型为从研发到运营数字化产品的数字化企业。因此,几乎所有国内外汽车厂商都提出将从传统汽车制造商转型为移动出行服务商,即汽车企业的数字化转型(见表1-1)。

表1-1 传统汽车企业数字化转型战略

汽车企业	数字化转型战略	发布平台/时间
奔驰	成为"智能工厂"以及互联网新出行服务商,提高汽车的用户服务体验	2019年3月,汽车行业数字化转型论坛
大众	立足互联网和消费需求,从制造商向移动出行服务商转型	2016年6月
奥迪	打造"随时随地为我服务的奥迪汽车",深化数字化服务体验	2017巴塞罗那奥迪全球品牌峰会
丰田	从传统的汽车制造商向移动出行公司转型	2018国际消费类电子产品展览会
吉利	成为立足于智能制造、车联网应用以及互联网营销的汽车制造商	2017云栖大会
上汽	从传统制造领域转向创新服务领域(以智能制造、智慧出行为主题抓手,建设集团数据平台的基础服务)	2018年8月
福特	要从单一化的传统模式转型到提供出行产品和服务的多元化的汽车科技公司	2017 Spring Summit技术峰会
长安	将加速向智能出行科技公司转型	2020年北京车展

数字化被赋予极其重要的使命。广汽集团董事长曾庆洪和总经理冯兴亚高度重视,亲自领导和推进数字化转型工作,提出了"推进数字化转型是传统企业实现创新发展的重要动能,要把握战略机遇,加强协同效应,推进企业战略数字化、产品数字化升级、生产方式数字化、商业模式数字化、企业管理数字化"的思路,"数字化"已成为广汽集团2027年发展蓝图战略重点。东风汽车集团股份有限公司(东风汽车)正以"数字东风、驱动梦想"

为愿景，实施数字化战略，通过数字化转型实现"卓越东风，世界一流"的梦想。

在2020北京车展上，长安汽车董事长朱华荣宣布长安汽车将加速向智能出行科技公司转型。朱华荣指出："在智能科技大潮的推动下，汽车产业正在重构。软件定义市场颠覆了过去的认知。正是有这样的机会，长安要开启第三次创新创业。从原来单纯追求销量增长转向追求高质量增长，向智能化转型必不可缺。"

1.5 数字化时代汽车产业新特征及数字化转型

20年前，宏碁集团创办人施振荣先生提出了著名的"微笑曲线"理论。微笑曲线体现了在制造企业的研发、制造、营销价值链环节中的附加值特征，研发和营销环节的附加值较高，生产制造环节的附加值较低。微笑曲线价值链附加值特征这一简洁明了的表达一直是制造业管理者在制定企业发展战略时的指导思想之一，然而在数字化时代，制造业价值链的各环节附加值不再遵循传统微笑曲线。

1.5.1 汽车产业新特征和微笑曲线2.0

数字化深刻影响着汽车产业。汽车产品有了新的形态，汽车制造有了新的方式，汽车商业有了新的模式，汽车产业有了新的生态。

1. 汽车产业新特征

数字化为汽车产业价值链全环节都带来了价值提升。图1-8

中的两条曲线展示了数字化给制造业价值链附加值特征带来的变化。其中，下面的曲线是施振荣先生提出的微笑曲线，覆盖价值链的研发、制造、营销环节；上面的曲线是笔者提出的代表数字化时代的价值链特征曲线，除覆盖价值链的研发、制造、营销环节之外，还覆盖了服务环节。

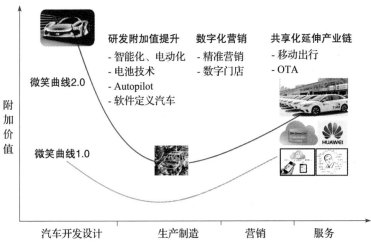

图1-8　数字化给制造业价值链附加值特征带来的变化

制造业价值链变化的第一个显著特征是研发端的附加值将大大提升。

在研发端，汽车将成为数字化智能产品，其功能、性能及用户体验将主要由软件来定义。软件有两大特点：赢者通吃和复制零成本。赢者通吃是指一款软件一旦获得成功，获得用户认可，其他类似软件基本就没有市场了，例如 Windows 操作系统和微软办公软件、用于碰撞仿真的 LS-DYNA 等仿真软件。软件复制零成本是指一款软件无论复制多少都不再产生成本。这和实体产品不同，机电等硬件产品的复制是有成本的。这两个特点使得数字化智能产品的研发比起传统产品研发附加值有了巨大提升。此外，软件主导的产品还能实现持续升级、自我学习、不断完善，从而不断创造新的价值。

数字化使得汽车企业通过车联网连接汽车产品，通过数字化平台及其移动应用连接用户，因此其产业链将延伸到服务端。移动互联网、物联网等数字化技术使企业可以直达用户，为用户提供更全面、更贴心的服务。传统制造企业的价值链到营销后就基本终止了，而在数字化时代，企业的产业链进一步延伸到服务。在计算机和通信领域，过去企业制造和销售计算机、服务器和通信设备，今天通过建设云数据中心以云的方式提供服务；在汽车领域，过去汽车企业只生产和销售汽车，今天纷纷建立网约车出行公司，提供出行服务，如广汽集团旗下的如祺出行，一汽、东风、长安共同创建的T3出行，上汽的享道出行等。几乎所有的汽车企业都推出了出行服务。

制造企业从只生产和销售产品，到将价值链扩展到服务，是一种数字化带来的商业模式创新。这是数字化时代制造企业价值链发生变化的第二个显著特征。对于智能化的产品，服务是产品功能的一部分，甚至是主要部分。智能手机上有丰富的功能和应用，其中很大一部分是数字化服务提供的。我们设想一下，如果将智能手机的无线连接切断，智能手机还能用来干什么呢？导航没了，网上不了，微信发不出去了，天气信息查不了了，就只剩下拍照、看照片等几个功能了。因此，对于智能化的产品而言，服务是主要的功能。为用户提供服务是数字化时代企业的机遇。

汽车企业成为智能移动出行的服务商，为用户提供出行、用车、生活服务将成为企业收入的一大来源。数字化智能服务不仅能满足用户对功能的需求，更能满足用户对体验、情感的需求。未来，服务体验的重要性将超越车本身的驾驶体验。数字化服务也使得汽车企业由生产获取利润拓展为由服务获取利润。未来智能化产品的盈利模式中，硬件只是一部分，更多是靠软件、内容、服务。特斯拉的软件服务已产生收入，随着软件功能越来越强大，软件服务成了新的盈利点。以 OTA 为例，特斯拉 Model 3 的车主只需要付费 2000 美元，就可将汽车的百公里加速性能从 4.6s 提升到 4.1s。而用车、养车的各种场景都可能通过丰富的生态服务来满足用户的需求，从而为企业创造价值。

在生产制造方面，数字化智能制造将通过信息系统高度集成、全局生产过程管控、生产计划准确排程、物料准时配送、生产过程信息实时采集、设备实时监控与交互、质量管控等措施，实现快速响应用户订单，快速交付高质量产品；通过打造高度协同的研发生产供销服务全生态链，使企业具备适应多品种、小批量产品共线柔性生产方式；高度协同的智能数字化生产管理平台可以大幅提高企业经营管理水平。

2. 微笑曲线 2.0

过去用于概括传统制造业价值链特征的微笑曲线不再适用，我们可以称之为"微笑曲线 1.0"。在数字化时代，制造业价值链研发端的附加值将大大提高，同时另一端将从营销延伸到服务，笔者将这一新的制造业价值链特征称为"微笑曲线 2.0"。汽车企业在继续重视传统的冲压、焊接、涂装、总装四大制造工艺的能力外，还要高度重视软件开发和服务能力的打造与提升。

微笑曲线 1.0 下的传统价值链以产品为中心，是战略驱动的，企业的一切工作围绕企业战略来管理、执行；微笑曲线 2.0 下的价值链以用户为中心，是服务拉动的，企业战略也基于服务用户，企业的一切工作围绕用户的需要来开展。

微笑曲线 2.0 不仅对汽车产业有效，对其他以产品创新为核心的制造业也是适用的。该曲线蕴含的理念对发展数字经济、推动数字化转型、提升产品竞争力、制定企业发展战略等都有重要的参考价值。

1.5.2　顺势而为，推进汽车企业数字化转型

以用户为中心，就是要面向最终用户，将打造数字化的产品和提供数字化的服务作为长期的发展战略和业务转型的主要方向，就是要打造以无人驾驶为目标的汽车产品和以车联网为核心的数字化服务。

智能汽车的车端智能通过软件定义汽车来实现。软件定义智能驾驶、智能座舱、整车控制等方面（见图 1-9），通过电子电气架构、操作系统、OTA、千人千面/千车千面，实现软件主导车端智能及服务。产品通过应用不断开发、挖掘、丰富功能体验，在不更换硬件的条件下，实现功能、性能、体验的持续迭代更新，常用常新。

软件定义汽车的核心是软件定义硬件，硬件成为共享资源，软件按需调用硬件，所以软硬件需要解耦，建设统一的架构和平台以屏蔽各种差异，打造统一的开发环境。软件定义汽车对汽车

的要求是：硬件数字化、平台化，软硬件分离解耦，整车软件跨域化、分布化，域控制器采用集中式架构，软件产品化、定制化、可进化。

图1-9 车端智能由智能驾驶、智能座舱、智能整车控制实现

德国大众汽车公司就提出要转型为软件驱动的汽车公司，打造软件定义的汽车产品。大众汽车在2023年以前将削减5000～7000个传统工作岗位，而在电子部门和软件研发部门增加2000个岗位。到2025年，大众汽车软件开发部门工程师将超过5000名。传统企业向数字化企业转化将成必然。

华为在不同场合也表达了同一个观点：华为不造车，只帮助车企造好车，帮助用户用好车。笔者认为，华为虽然不生产整车（见图1-10），但它所聚焦的智能驾驶、智能网联、智能能源、智能座舱和智能车云等领域，正是微笑曲线2.0的研发和服务两端。其中，前四个领域是研发，而最后一个领域是服务，是附加价值最高的领域，而这些恰好是传统整车企业最应该通过数字化转型把握和进军的阵地。

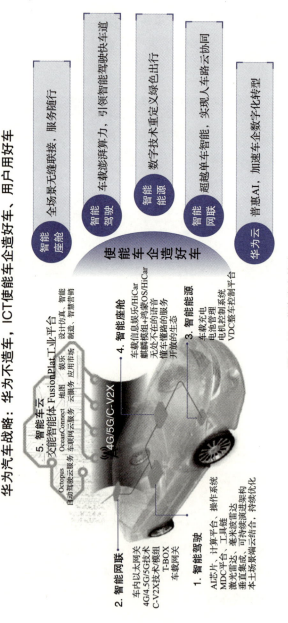

图1-10 华为汽车战略

汽车从为用户提供交通工具发展到未来为用户提供移动出行服务，除了汽车本身的智能，还将依赖车联网平台、智能交通平台、后市场平台提供的车、出行、生活服务，如图 1-11 所示。车联网平台连接车辆、用户、云生态服务，构成智能网联汽车生态。车联网平台主机主要用于车内的影音娱乐及车辆信息显示。T-BOX 主要用于与后台系统 / 手机 App 通信，实现手机 App 的车辆信息显示与控制。用户可以通过手机 App 远程控制汽车，如启动发动机、打开空调、调整座椅等。

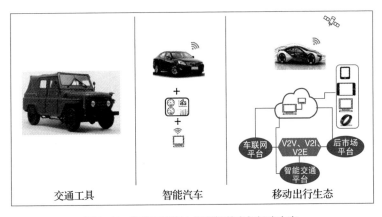

图 1-11　智能网联汽车提供智慧出行解决方案

智能网联汽车的应用端有车机终端和用户手机终端。云端提供车联网服务和云服务，同时为多屏提供服务，包括手机屏、车载终端以及电脑屏的设备等，使车主能获得车联网提供的远程控制、娱乐以及基于生态的方方面面的车、生活服务。车联网大数据分析在后台基于驾驶行为数据、车辆状态数据等进行分析计算，以提升用户体验，拓展增值服务。

如图 1-12 所示，传统汽车企业价值链覆盖研发（汽车开发设计）、生产制造、营销，信息技术的应用以建设面向企业内部的信息系统，如 ERP、PDM、CRM、MES 等为主；微笑曲线 2.0 要求企业数字化面向用户，要建设面向外部用户的数字化平台，如车联网平台、数字化营销平台、移动出行平台、车企 App 等。

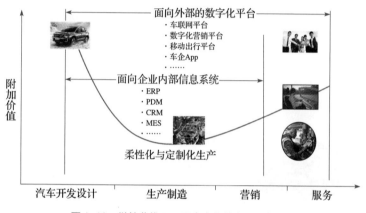

图 1-12　微笑曲线 2.0 要求企业数字化面向用户

国内外各汽车企业正以用户为中心，在汽车产业链各个环节为客户提供数字化服务。

- **数字化营销**：品牌建设、精准营销、社交化、用户口碑。传统以加盟 4S 店为主的销售模式将转变为业务在线和 4S 店现场服务双触点模式，汽车企业也将直接与用户沟通，并运营用户社群。广汽、长安汽车、一汽都打造了数字化营销平台。
- **数字化制造**：大规模个性化定制生产。长安汽车、广汽埃安等都为用户提供了个性化定制的平台。

- **数字化研发**：让消费者、供应商、外部专业人才参与产品研发。上汽大通为外部资源参与设计研发提供了数字化平台支撑。
- **数字化服务**：通过分析车辆运行数据，提供准确的维保建议，实现基于远程监控的主动维修。通过分析驾驶员长期驾驶行为，形成用户画像，提供个性化服务。广汽车联网平台为用户提供了数字化服务功能。

上海汽车集团提出了1-2-3战略，具体内容如下。

- **1个中心**：从过去的"以产品为中心"向"以用户为中心"转变，实现造车、卖车、用车、车生活等用户全生命周期的数字化转型。
- **2个转变**：业务模式加快从单向低频触达用户向与用户实时直联、双向高频互动转变；价值体系加快从链式价值链向网状生态体系转变。
- **3个数字化**：产品数字化、体系数字化、生态数字化。

1.6 汽车企业数字化转型势在必行

企业推进数字化转型，就是要充分利用信息和通信等技术，如移动互联网、Web、社交、大数据、机器学习、人工智能、物联网、云计算、区块链等，通过数据智能和连接实现对业务的赋能和模式创新。

越来越多的企业管理者认同这样一个看法：今后的企业要么是数字化原生企业，要么是数字化转型成功的企业。没有实现数字化转型的企业在数字化时代是没有竞争力的。数字化转型是传统汽车企业未来发展的必由之路。

1.6.1 只有通过数字化转型，汽车企业才能成为移动出行服务商

传统汽车产业与 ICT 产业是两个泾渭分明的产业。随着信息技术、通信技术与汽车产品和业务的不断融合，汽车产业正在打造以 ICT 服务为核心的智能出行生态。

汽车产品将从传统的机电产品发展成智能产品、网联产品、生态产品、数字产品。数字化产品严重依赖 ICT 技术。笔者认为，没有任何造车背景的互联网企业可以跨界造车，传统汽车企业更可以打造以 ICT 技术为核心的数字化产品和服务，在数字化时代跨界提供智能移动出行服务。

未来出行服务的理想蓝图是：电动化智能网联汽车在智慧城市和智能交通中通过自动驾驶的方式运行，而消费者通过手机 App 一键预约服务，即可乘坐不属于其个人的汽车到达目的地，并在出行途中和目的地享受各种丰富的增值服务。

近年来跨界竞争者进入汽车及汽车服务市场，对汽车行业的竞争格局带来冲击。百度和苹果开发的无人驾驶汽车已经开展道路测试，而蔚来、小鹏、威马等新能源汽车已经量产，汽车产业的变革对传统汽车企业的发展提出了巨大挑战。基于互联网业态的企业在建立连接和数据应用方面具有天然的优势，而对传统汽车企业而言，全面数字化既是机遇，也是挑战。这已经不是一个选择问题，而是一个生存问题，所有传统汽车企业必须进行数字化才能得以持续发展，数字化转型势在必行。

1.6.2 只有通过数字化转型，汽车企业才能应对未来的挑战

前面已经提到，中国的汽车市场增速放缓，企业利润降低，传统汽车企业亟须加快向价值链中高端跃升，即加大研发的创新力度，拓展产业链在服务端的能力。数字化转型为传统汽车企业的未来竞争赋予核心能力。

数字化转型通过对企业核心业务、核心产品和服务进行重塑来提高企业的竞争优势，它带给企业最大的核心价值是构建应对未来挑战和持续发展的能力。

首先，数字化企业将数据变成资产，并基于数据智能提升业务能力和推动业务创新，其价值包括以下4个方面。

- 降本增效：通过在线化和精细化实现效率提升，降低成本。
- 业务赋能：主要是通过数字化方式，在数字世界里解决物理世界难以解决的问题。
- 辅助决策：让数据帮助决策，或以数据智能实现智能决策，实现从经验驱动决策向数据驱动决策的转变。
- 模式创新发展：创造一种新的商业模式、新的流程、新的管理模式，让企业具有差异化的竞争力。

其次，数字化围绕用户提供数字化产品和数字化服务。数字化产品千人千面、千车千面，汽车产品常开常新。数字化服务前端在线化、后端数据化，对用户从购车、用车、养车等方面提供个性化服务。只有数字化才能实现超出用户预期的体验。

最后，随着数字化、网络化、智能化的不断发展，无论是汽车、企业还是人，都将是生态中的一员。企业只有实现数字化转型才能打造出有利于自身长远发展的生态。

| 第 2 章 | CHAPTER 2

信息化、数字化与数字化转型

"数字化转型"是目前最热门的话题。数字化转型是基于信息技术的，是信息技术与产品和业务的融合。那么，今天推进的数字化和过去企业推进的信息化有什么区别？是什么关系？目前有很多推进数字化转型的人将信息化和数字化混为一谈。正如美国杜克大学丹·阿里利教授在评论大数据热潮时指出的："每个人都在谈论它，没有人真正知道该怎么做，每个人都认为其他人都在做，所以每个人都声称自己也在做。"

因此，要有效推进数字化转型，必须首先深刻认识和理解信息化、数字化、数字化转型的实质与区别，以及它们各自对于企业的价值。

本章将详细阐述信息化、数字化与数字化转型。简单地说，信息化是业务在物理世界开展，信息系统和技术对业务给予支撑；数字化是业务在数字空间开展，物理世界的元素给予响应；数字化转型是业务从在物理世界开展到在数字空间开展，是业务的转型。基于这一认知并结合行业数字化转型的成功案例，笔者认为，数字化转型的首要任务是明认知、转观念、重数据。明认知就是对信息化、数字化、数字化转型有正确而清醒的认知；转观念就是要有数字化思维，以数字化手段更好地推进自己的工作；重数据就是要认识到数字化的重点是数据驱动，要重视对数据的管理和应用。用数据说话、用数据管理、用数据决策、用数据创新应成为数字化转型的目标。

2.1　信息化

为推进数字化转型，首先必须深刻认识到信息化、数字化、数字化转型的本质和价值。

在信息化时代，可以建立信息系统来支撑业务的开展，从而提高工作效率。企业有什么业务，就建立相应的信息系统。例如，有采购业务，就建立采购管理系统；有竞品对标业务，就建立竞品对标管理系统。一个高度信息化的企业，其所有业务都应该有相应的信息系统来支撑。

传统信息化是基于功能和职能部门的需求，自主开发或者采购标准的商业软件系统，如财务管理系统、人力资源管理系统、客户关系管理系统。这些商业软件系统一般是由多个信息系统开发商分别提供的，采用不同技术路线，使用不同开发语言、不同技术架构和平台，这样就会逐渐形成烟囱式的IT架构，产生大量信息孤岛，然后通过一个复杂的SOA（面向服务的架构）整合项目，来实现系统的互联互通。

汽车企业的信息化架构如图2-1所示，包括基于PLM（产品全生命周期管理）的研发平台、用于生产及管理的ERP（企业资源计划）系统和MES（制造执行系统）、对供应商管理的SCM（供应链管理）系统和DMS（经销商管理系统），以及人力资源、资产管理、质量管理等管理系统。汽车企业的主要业务有研发、生产、供应链管理和营销，每一个业务领域都有相应的信息系统。这是典型的汽车企业信息化蓝图，包括过去汽车企业根据业务需要建立起来的一系列信息系统。每一个信息系统又具有覆盖业务活动的功能。例如，DMS具有覆盖销售订单、库存、发运、售后三包结算业务等有关销售与市场营销、配件管理、保修管理的功能。

从产品全生命周期管理的角度来看，不同环节有不同系统或软件的支持。图 2-2 展示了一个产品从规划到最终回收整个产品生命周期需要用到的系统或软件。比如,产品设计与工艺设计环节使用 CAD 和 CAE,生产制造环节使用 MES,销售服务环节使用 CRM,产品全生命周期管理使用 PLM。

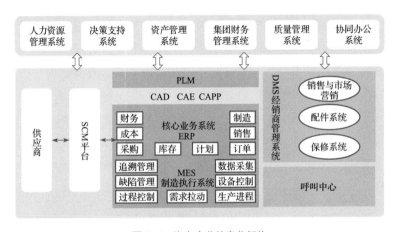

图 2-1　汽车企业信息化架构

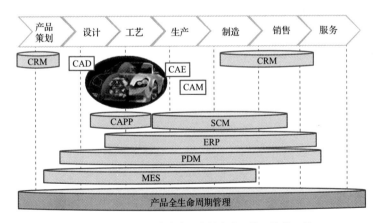

图 2-2　企业产品全生命周期信息化系统和软件工具

以汽车研发的信息化建设为例。根据研发业务的需要，建立竞品对标管理系统、质量管理系统、试验管理系统、仿真管理系统、采购管理系统、财务管理系统等一系列信息系统，如图2-3所示。

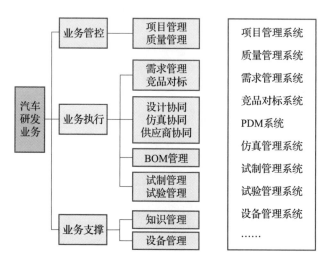

图2-3　汽车研发业务和信息系统

在研发方面，广泛应用了基于三维数模的数字化（见图2-4），包括三维设计、三维仿真、虚拟现实技术等，用于汽车的评审和质量评价，而且还应用了数字化工厂等，使数字化得到广泛应用。在过去十几年的信息化建设中，信息化对企业效率的提升发挥了很大作用。

当然，企业信息化还包括IT基础设施的建设，涉及企业的数据中心、网络、终端、信息安全、容灾以及管控和运维支持。信息化建设要求IT保持与业务发展战略同步，支持和促进企业业务的发展。

图 2-4 基于三维模型的数字化

信息化支撑和辅助业务,企业的信息化蓝图根据业务的发展规划来制定。信息化通常不改变业务本身,而为业务提高效率;也不直接产生商业价值,而是通过业务产生价值。

2.2 数字化

关于数字化和数字化转型有很多种解释。e-works数字化企业网总编黄培博士给出的解释是,数字化转型包含以下三个相关概念。

- Digitization:将模拟信息转化为数字信息,例如将照片或纸质文档扫描成电子文件,从而转化为数字信息。
- Digitalization:将数字化技术融入企业,变革业务流程,例如利用物联网、工业互联网、大数据分析、机器设备联网等。
- Digital Transformation:数字化技术的深化应用对企业的商业模式、业务运营、决策方式、组织形态、企业文化等方面带来深远影响,每个企业都应当思考并推进数字化转型战略。

笔者于 20 年前在美国领先的设计软件公司从事产品设计、仿真软件的开发、验证和应用工作，之后一直在国内大型汽车集团公司从事信息化、数字化工作，亲身经历了信息技术的发展历程，见证了信息化带来的效率提升以及引发的数字化变革。

结合汽车企业的信息化、数字化实践，笔者认为数字化的内涵本身也在不断丰富和演变。计算机设计软件刚出现时，汽车企业就将其应用到汽车产品的设计中，这是对构想中的汽车产品实行 Digitalization。数字化三维数模可以作为数字样机进行仿真、运动工况校核等，可以替代试验的工作，是初步的 Digital Transformation。数据有多种形式，如数字、图像、音频、视频等。随着新一代信息技术的发展和应用，强大的数据处理能力使人们可以通过数据（而不仅仅是三维数模）来实现 Digitalization。为便于理解和区别数字化的两个形态，笔者把前者称为基于三维模型的数字化，后者称为基于数据的数字化。随着物联网广泛而深入的应用，以及数据处理能力的不断提升，越来越多的数字化是既有三维模型的数字化，又有数据的数字化。只要在计算能力的处理范围之内，几乎任何物理世界的事物都可以实现数字化。一个企业、产品或业务从传统方式转变为以数字化方式或模式来开展工作，就是数字化转型（Digital Transformation）。

2.2.1 基于三维模型的数字化

数字化的概念在 30 年前就有了，那时它主要是指通过计算机技术对物理世界进行计算机三维设计、三维仿真。汽车企业的数字化，如三维设计、三维仿真、三维工艺等基于三维数模的数字化其实早已得到广泛应用(见图2-5)。有一辆实体汽车,就可以设计出一个数字化的汽车三维模型。今天几乎所有的产品都是在计算机中设计出来的,可以说数字化是物理世界的数字表达。这种对物理世界以三维模型进行表达的过程就是基于三维模型的数字化。

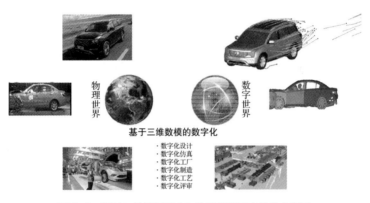

图2-5 通过三维模型建立与物理世界对应的数字世界

不仅是物体,业务也可以通过三维模型来实现数字化。例如汽车的碰撞试验是汽车研发中必不可少的重要手段,是一个业务活动。一个碰撞试验费用可高达100万元人民币,是非常昂贵的。完全可以在计算机中对三维模型进行碰撞试验业务仿真,以替代物理试验。汽车碰撞数字化仿真的费用只需物理试验的1/100或更少。同样,对于物理世界中的汽车工厂及生产过程,也可以在计算机中生成三维数模,再对三维数据进行仿真。工厂的所有活动都可以在数字世界中呈现。

一个新产品的诞生,首先是设计人员构思方案,然后在产品样件做出来之前就在计算机中通过三维模型创建出虚拟产品来，并通过仿真等技术进行各种工况下的校验，进而不断改进和完善产品设计。这个基于三维模型的数字化产品就是虚拟样机。

基于三维模型的数字化是数字孪生的基础。数字孪生是物理产品或系统的数字化表达：它能够实时、动态反映物理产品或系统的运行状态，也可以通过数字孪生反过来远程控制实际产品的运行。

人们通常将数字孪生和虚拟样机等同起来，然而数字孪生不同于虚拟样机：数字孪生是先有实际产品，后有对实际产品运行的虚拟复现；而虚拟样机是先有数字产品（通常是三维数模），用于展示、评审、仿真验证。等到数字化的虚拟产品经反复修改、验证满意后，才生产制造出实际产品，从而极大缩短产品的开发周期。

2.2.2 基于数据的数字化

现在讲的数字化是基于数据的数字化。在构建虚拟样机时，基于三维数模的物理—数字更形象，更易于理解，而基于数据的物理—数字相对不直观，不易在脑海中形成比较形象的图像和场景。例如，在数字化营销中，用户画像是通过大量数据来实现的，与之相比，汽车的三维数字化模型要直观得多。

这里讲的数据可以是各种形式，如数字、文字、图片、视频、音频、二进制数据等。有了各种形式的数据，就能实现对一切产品、业务、人物画像等的数字化。

在数字化时代，通过使用物联网、移动互联网、AR/VR（增强现实/虚拟现实)、电子商务这些数字化技术和平台，物理世界正在被搬运并重构到数字世界中来（见图 2-6）。Google Earth 的目标是将整个地球数字化，新加坡政府应用达索三维软件和平台将整个新加坡进行了数字化。数字世界是某一业务的数字化运营平台，如电商平台京东、淘宝、网约车平台如祺出行，或者将在第 4 章介绍的试制工程数字化平台。人们的大部分协作、沟通、设计、生产都可以在数字世界里实现，而物理世界则成了数字世界的辅助和补充，物理元素响应数字世界的指令。

产品数字化
- 智能产品
智能汽车　智能家居　智能冰箱

智慧城市
- 城市数字
Google Earth
数字化新加坡

业务数字化
- 网约车
滴滴出行
如祺出行

业务数字化
- 电商
淘宝
京东

业务数字化
- 营销
数字化营销

人物数字化
- 用户画像

图 2-6　通过大数据实现业务数字化

随着家电等日常用品越来越智能化，人们对智能产品有了较广泛的认识和体验。以冰箱为例，一台智能化的冰箱有与之对应的孪生数字冰箱。孪生数字冰箱存在于用户的手机 App 中。冰箱的全部状态，如制冷温度、储存的食品等都映射在数字冰箱中。用户也可以在手机中对冰箱进行操作和调节，只不过在家中打开实际的冰箱是用手开门，而在手机中打开冰箱是按一个键；在家中调节制冷温度是调节实际冰箱的温度控制器旋钮，而在手机中是在界面上操作。

购物是生活中十分平常的活动。传统的购物在物理世界里完成：你首先来到商场，然后选商品。例如买手机，你在一家店里看中一款手机，但不确定价格是不是最优的，你想再去其他几家店里看看，比比价。逛了一圈以后，你回到价格最优的那家店，付款，带着新买的手机回家。这是传统的方式，这个方式可以大致分成4步：选商品，比价格，付款，回家。这个过程全部可以在电商平台中实现。在电商平台中，选商品、比价格都非常方便，付款通过移动支付实现，然后跟踪物流就可以了。在物理世界里完成这一过程可能需要一个上午，而在数字世界里只需要10分钟。

用户画像是精准营销及个性化服务的基础。这个画像不是对用户长相的素描，而是通过多方面的数据，如用户的个人信息（如年龄、收入、教育程度等）、兴趣爱好（如球类活动、电影、戏曲、摄影、钓鱼等）、消费倾向（高档商品、进口商品、名牌化妆品等），勾勒出用户可能的消费特征和服务偏好。今天通过多源数据、实时数据、历史数据等就能够从多个侧面比较准确地把用户表现出来。

物联网、移动互联网、大数据等技术使得构建基于数据的数字世界成为现实，这个数字世界几乎可包含一切，包括一个产品、一个行业、一项业务、一个人或群体等。基于物理世界构建一个数字世界，在物理世界开展的活动就可以在数字世界中开展。

基于三维模型的数字化更多是在个人电脑上利用三维设计仿真软件完成，不需要连接网络开展协同；而基于数据的数字化是基于网络的，通常情况下由众多参与者协同完成某项业务工作，如数字化营销。正是有了连接，基于数据的数字化才有了可能。连接客户与企业实现数字化营销，连接订单与生产实现数字化管理，连接生产与设备实现智能制造，连接企业与企业实现产业互联，一系列商业模式变革的成功案例相继出现。

基于三维模型的数字化和基于数据的数字化在过去基本是独立发展的。三维数模的应用较少涉及数据分析，而数据分析（如BI）则主要应用数据，较少涉及三维数模。随着业务数字化运营平台不断得到深入应用，基于三维模型的数字化和基于数据的数字化逐渐走向统一。对于智能化产品，通过生成数字孪生，物理实体和数字孪生可以实现实时的动态双向数据交流，通过数字孪生模型就可以对物理实体进行运营监控、故障预警、性能分析、实时仿真、预测性维护等。这些功能的实现既需要三维数模，也需要大数据和人工智能分析能力。物理和数字的融合、数模和数据的融合将是发展的趋势。

数据是数字化的核心要素。很多企业都认识到了数据的重要性，"数据是企业的重要资产"已成为企业的共识。要实现数字化，就必须对数据进行采集、存储、处理、计算、应用，涉及大数据、云计算、物联网、移动互联网等一系列数字化技术（将在第6章详细阐述）。

数字化给传统产业带来前所未有的机遇。数字化为企业业务和管理的创新、社会经济的发展注入了新活力，激发了新动能。对于汽车企业而言，需要将核心能力从传统的机械设计与制造转换到智能设备的软硬件开发上来，与之对应的是企业对自身的研发模式、制造模式、供应链模式、运作模式进行数字化重构。

数字化可能改变现有业务的模式，这是它与信息化最大的不同。

2.3 数字化转型

无论是基于三维模型的数字化还是基于数据的数字化，都将使得我们的产品开发或业务开展方式发生改变，更多将是以数据等数字化的方式来开展业务活动或经济活动。由于这一新模式的出现，我们看到一个非常有趣的现象是，CIO（首席信息官）正在变成 CEO（首席执行官）。也就是说，从事信息技术的人针对某一特定业务建设一个数字化平台，用数字化手段就可以颠覆一个传统业务，而自己成为开展这一业务的新公司的掌舵人，即CEO。随着数字化不断颠覆传统业务，席卷各行各业，企业或企业业务从过去的信息化走向数字化，最终实现数字化转型，这是本节要阐述的观点和主要内容。

2.3.1 数字经济

几乎一切都可以数字化。对于一个传统业务，构建数字空间，在数字世界中开展业务，就可以颠覆它。衣食住行以及其他很多方面都在从物理世界向数字世界转型升级。在"衣"方面有淘宝、唯品会、京东；在"食"方面有美团、大众点评；在"行"方面有各种各样的网约车及出租车的共享出行业务；在"住"方面,很多房地产公司都支持在线上通过AR/VR看房。把传统的物理世界向数字空间转移升级,极大地提高了业务的能力。

面向个人的生活服务行业的数字化转型非常迅速,如今,购物、订餐等各类生活服务几乎都可以通过数字手段在线完成,如图 2-7 所示。面向个人消费者的行业,例如家电、家居、手机、汽车等行业的企业,转型也相对迅速。推进数字化转型战略、深化数字技术的应用将对企业的商业模式、业务运营、决策方式、组织形态和企业文化等方面带来深远影响。

图 2-7 面向个人的生活服务和消费产品的数字化

于是出现了"数字经济"这个概念。什么是数字经济?数字经济是指经济活动以数据、知识、平台这些数字化的手段来开展。电商平台淘宝网是卖东西的,但阿里巴巴园区内的淘宝网办公大楼里并没有卖一样东西,大楼里只有人、计算机和数据中心,他们主要是做数据分析、人工智能、应用平台开发,以数据、平台来开展经济活动。前通用电气董事长杰夫·伊梅尔特曾说："昨天你还是一家制造企业,也许明天你就是一家软件和数据公司。"一家传统的汽车公司会不会成为软件公司？一定会的。如果不成为软件和数字公司,这家公司就会关门,一定是这样的。

从信息化到数字化,就是推动传统业务进入数字世界;在数字世界开展业务,就是业务的转型,而且是以数字化为核心。从宏观经济层面看,数字化转型就是推动传统经济转型为数字经济。

当今时代,新一轮科技革命和产业变革方兴未艾,以互联网、大数据、云计算、人工智能等为代表的新一代信息技术日新月异,并加速向各领域广泛渗透,不断催生新业态、新模式和新产业。数字经济呈现蓬勃发展的势头,展现巨大的发展潜力,正在成为社会经济中的新引擎,带动新兴产业发展壮大、推动传统产业转型升级的重要驱动力,也将不断推动企业实现数字化转型。

如图2-8所示,在2019年全球市值排名前十的数字经济和实体经济的企业中,有7个是基于信息技术的数字化企业。数字经济一般分成数字产业化和产业数字化两部分。数字产业化就是数字技术带来的产品和服务,例如电子信息制造业、信息通信业、软件服务业、互联网业等,都是有了数字技术后才出现的产业。产业数字化则是指产业原本就存在,但是利用数字技术后,出现了产出的增长和效率的提升。产业数字化是数字经济的主阵地。2019年,我国数字产业化的规模达到7.1万亿元,在GDP（国民生产总值）中占比达7.2%,在数字经济中占比达19.8%;产业数字化规模达到28.8万亿元,在GDP中占比达29%,在数字经济中占比达80.2%。

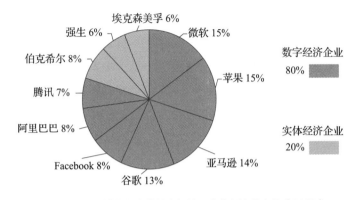

图 2-8　全球排名前十的数字经济和实体经济的企业（2019）

腾讯研究院的研究表明，中国的数字化进程正在从以消费互联网为主导转向以产业互联网为主导，数字化优先已成为未来生存和发展的必选之道。消费互联网就是消费端的互联网化，是企业对用户的互联网化（B2C）；产业互联网是生产端的互联网化，是企业对企业的互联网化（B2B）。数字化转型正在从消费端走向生产端，正在逐步深入企业内部，在提高企业的运营效率与服务水平、改变传统产业运行模式等方面发挥着作用。

2.3.2　CIO 正在成为 CEO

传统制造企业的最高管理者是 CEO，CEO 通常不是做信息化和数字化的，因此这种企业一般还有一个 CIO，CIO 专门负责企业的信息化和数字化工作。当然还有 IT 公司是专门做 IT 产品的，它们的 CEO 就是做 IT 产品的，因此这种公司一般不需要再有个 CIO。微软、Facebook 等 IT 公司做 IT 产品或者数据库，它们的 CIO 实际上就是 CEO。

这里讲的 CIO 变成 CEO，指的是 IT 负责人或高管通过数字化技术做一个传统业务的数字化运营平台，成立一家以新模式运作的公司，实际上是对一个传统业务的颠覆。不管是蔚来汽车的李斌，还是理想汽车的李想、滴滴出行的柳青、百度的李彦宏、小米的雷军、特斯拉的伊隆·马斯克，这些人原来都是从事 IT 工作的。理想汽车创始人及 CEO 李想一直从事互联网行业，先后创办泡泡网、汽车之家等网站，后来创办车和家（理想汽车），致力于打造智能电动车。毕业于武汉大学计算机系的雷军，38 岁前一直在金山软件工作，后来成了小米公司创始人、董事长兼 CEO。柳青毕业于北京大学计算机系，入职高盛亚洲后，从事长线的股权投资工作，后来加盟滴滴出行，现在是滴滴出行总裁。李彦宏本科毕业于北京大学信息管理专业，在美国获得计算机科学硕士学位后，一直从事软件开发工作，先后在道·琼斯公司、Infoseek 等公司任职，现在是百度创始人、董事长兼 CEO。

当 CIO 们把传统业务，如汽车出租、无人驾驶、各种家电产品，通过数字化的手段进行业务创新（或者叫颠覆）时，这些人就成为传统业务里的 CEO。一个不容忽视的现象是传统的业务正在不断被数字化颠覆。

应用数字化技术去颠覆传统行业，激发了很多人的创业梦。而基于数字化的创业是最有前景的创业。2020 年，小鹏汽车成功在纽约证券交易所上市，其董事长何小鹏身价大涨 200 亿元人民币。理想汽车的李想创立过三家公司，其中两家公司上市，而理想汽车的上市为他带来了超过 210 亿人民币的财富。

CIO 成为 CEO，本质是数字化跨界颠覆传统行业。汽车企业，特别是大型汽车集团，一般都有很多的业务领域，例如整车研发生产、零部件研发生产、物流、金融，而每一个业务领域又有多层级的业务工作。企业推进数字化转型，就是在企业内部各业务领域、各层级进行自我颠覆。因此，数字化转型是企业的一场意义深远的自我革命，将为企业的未来发展带来强大的竞争优势。

2.3.3 信息化、数字化与数字化转型的区别

在信息化时代，人们的活动是在物理世界进行的，借助信息技术提高效率。信息化是为物理世界活动服务的，例如出租车管理系统是为出租车运营服务的。

在数字化时代，人们通过构建数字世界映射出物理世界，活动是在数字世界进行的，物理世界的物是为数字世界服务的（见图2-9）。例如，网约车司机都是依照数字世界的活动来提供服务的。企业的数字化转型应该通过业务的转型来实现，企业必须认识到数字化转型的价值，主动推动自身的转型。

1. 信息化、数字化与数字化转型

什么是信息化？简单地说，信息化就是业务在物理世界里开展，信息系统提供支撑。例如，对于传统的出租车，乘客招手，司机就停了，出租车在物理世界运营，背后有信息系统支撑。

什么是数字化呢？数字化就是业务在数字世界里开展，物理元素响应。例如，滴滴等网约车平台在数字空间里开展出租车业务，物理世界的出租车司机、乘客响应。

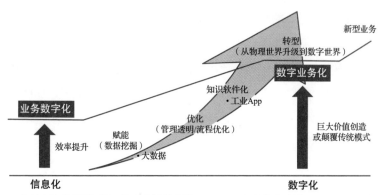

图 2-9 信息化、数字化、数字化转型及其价值

图 2-10 给出了网约车与传统出租车的对比。网约车的业务在物理世界是不能直接交互的。如果你要乘出租车去机场，来了一辆网约车，你对司机说你要去机场，司机会说不行，你要到 App 上叫车，他只能在 App 上面抢单。去机场可能有 3 条路，车走哪一条是你自己在数字世界里选定的。这里的数字世界即网约车平台，物理世界的元素包括司机、乘客、车辆等。乘客叫车、司机抢单、路线确定、乘客支付等都在数字世界中进行，物理世界的元素触发或响应数字世界的指令。

传统的出租车公司也有信息系统，例如司机管理系统等。如果让你去做数字化转型规划或方案，你再建 5 个、10 个信息系统，就能实现转型吗？不能，因为业务没有搬到数字世界里，业务没有转型。然而，目前的一个普遍现象是，企业推进数字化转型的方式却是建设更多的信息系统。这其实还是信息化。信息化不会改变业务开展的方式，只能对业务开展方式起到支撑作用，即我们常说的提升业务的效率。

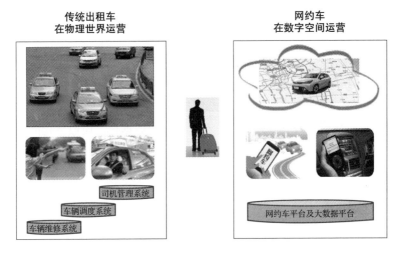

图 2-10　网约车与传统出租车的对比

数字化转型是信息技术与产品或业务深度融合的结果。信息技术是信息化、数字化的工具与手段。过去的两化融合（信息化和工业化的融合）就是为了推进信息技术和传统产业的融合，但在两化融合阶段（以信息化带动工业化，以工业化促进信息化，走新型工业化道路），信息技术与产品或业务还是相对独立的两套体系。信息化大多是将传统业务交由信息系统来管理，即将业务从线下搬到线上，信息技术对业务起着提升效率的作用。在信息技术与产品融合方面，信息技术只是产品设计的辅助工具，即计算机辅助设计（CAD）和计算机辅助工程（CAE）。而数字化转型带来的技术与产品或业务的深度融合将贯穿整个产品或业务，也可能催生新的商业模式或业务架构体系。关于信息技术与产品和业务的融合将在第 3 章详细阐述。

从对企业的价值来看，信息化建设以支撑业务开展和提升业务运营效率为目标。在技术上，信息系统一般是以功能模块来开发和应用的。信息化应用信息系统、数据库、网络等对企业的业务过程（如研发、生产制造、经营管理活动）进行数据采集、存储、分析，以支撑业务的开展，让企业内部人员清楚地了解业务开展状态、流程进展等业务信息，从而为业务的开展提供支撑。信息化是一种管理手段，是业务过程数据化。而数字化的重点在"数字"上，即数据价值挖掘和业务赋能及创新上。数字化以数据为核心，应用新一代信息技术（如移动互联网、大数据、云计算、人工智能等），使业务数据化、数据资产化、资产服务化、服务价值化。通过业务在线、数据智能，实现以数据说话、以数据管理、以数据决策、以数据创新。数字化以软件和平台为工具，通过信息技术与产品和业务的深度融合，实现产品的智能化、业务的模式创新，从而实现数字化转型。

2. 业务以数字化的方式开展

大数据可以赋能业务，是数字化。汽车企业通过分析车辆运行数据，就可以对车主提供维保建议，实现基于远程监控的主动维修；通过分析驾驶员长期驾驶行为，就能形成应用用户画像，提供个性化服务。大数据在汽车研发、制造、营销、服务各方面都可以为业务赋能。

例如，汽车油耗是用户比较关注的汽车性能指标，大数据分析有助于确定一款车型的最低油耗。

汽车发动机的油耗是由很多因素决定的。在汽车量产和销售前，要通过大量的台架试验、实际道路试验等来确定各项参数的设置，以实现最低的油耗。然而，设计和试验确定的最佳油耗并不一定与最终用户开车的油耗完全吻合。通过车联网采集用户驾驶行为、油耗及动力性能等相关数据，开展大数据分析，就可以确定最佳油耗区。图 2-11 所示为汽车发动机万有特性曲线和采集的用户驾驶行为的数据点。图中间的等高线，即圈定的区域是试验标定的最佳油耗区。图中的点是用户驾驶行为的数据。落在最佳油耗区的数据越多越好。然而，图中的最佳油耗区与车主实际驾驶行为油耗区重合度并不高。改变发动机设定参数才能实现用户驾驶的最佳油耗。在保证安全的前提下，应用车联网的远程更新功能对软件版本进行升级，就可以调整发动机管控参数，实现面向实际用户驾驶的最佳油耗。如果对每一个车主根据其驾驶行为远程设置发动机油耗参数，就实现了"千车千面"。

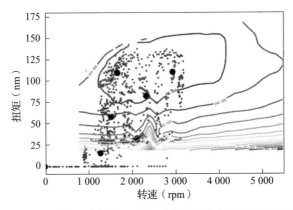

图 2-11　汽车发动机万有特性图及基于大数据的发动机最佳油耗区域标定

以大数据应用来提升业务的案例数不胜数。工业 App 是将工业产品、工业技术、工业服务进行显性化、模型化、软件化后形成的模块化软件,其本质是工业知识和技术的软件化。从采用通用软件完成设计分析任务到应用工业 App 通过组合快速完成工程任务,也是数字化。

通用软件提供最基本的功能。例如应用十分广泛的三维设计软件 Autodesk Inventor,其基本功能包括画线、圆、多边形、任意曲线,形成三维形状的拉伸、切角等。基于这些基本功能,设计人员就能创造出任何形状的复杂产品,如汽车座椅、发动机、汽车、飞机、大楼、公园等。当通用软件专门应用于某些业务时(如房子装修业务),专业人员就会首先设计出各种各样的组件(如沙发、餐桌、窗帘、吊灯等),这些组件就形成了一个组件库。接到设计任务,设计人员从组件库中提取组件,根据实际需要修改组件的参数,就完成了设计。将各种组件组合起来,就完成了房子装修方案的大部分工作。

工业产品的设计也可以这样来实现,这就是工业 App 的价值体现。如果说传统的工业软件是生产工具的数字化,那么工业 App 则是产品、技术和能力的数字化。工业 App 既是工业软件的新形态,也是工业知识的高级形态,属于包含工业知识的一种新型的智能化工业软件。设计的数字化手段由基础软件到工业 App,实现知识应用的数字化,设计业务的数字化转型。

2.4 汽车业务的信息化、数字化、数字化转型案例

汽车企业的信息化是走在各行业前列的。图 2-12 是一个典型的汽车研发机构的信息化蓝图。从图中可以看出,汽车研发的业务可以分为产品开发和经营管理两大领域,每个领域包含多个业

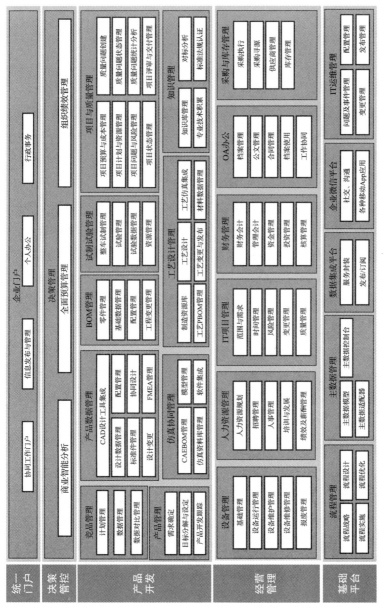

图2-12 汽车研发信息化总蓝图

务，如产品开发的试验、样车管理等。信息化首先是支撑业务。蓝图的底层是基础平台，业务上层包括决策管控和统一门户。

信息化建设蓝图规划了基于业务需求的信息系统建设，基本涵盖了汽车研发机构支撑经营管理和产品研发所需的全部信息系统。

我们通过一个例子来介绍汽车企业研发业务的信息化、数字化、数字化转型。

在汽车研发过程中，需要制作各种样车用于试验或展示，如用于道路试验和台架试验，或者用作概念车、车展展示车。

传统的信息化是为试制业务建设一个管理系统，即试制管理系统，用以管理生产计划、仓储物流、生产执行以及质量和设备，系统覆盖所有试制流程并集成外部系统。如图2-13所示，汽车样车试制管理系统是支撑样车试制的信息系统。在样车试制业务的计划、准备、执行、检测的全过程中，数据被录入系统，系统中的数据也被调用来进行分析和应用。但对于参与试制的人员来说，大部分业务活动是在物理世界里开展的，因此直接使用试制管理系统的人员并不多。

建设信息系统来支撑试制业务的信息化对提高计划准确性、提升产能是有帮助的。在此基础上推进数字化，成效更加明显，产能将得到大大提升。

试制工程数字化将传统的在物理世界开展的业务升迁到数字世界中。首先需要构建一个数字空间，再以数字空间为核心构建试制工程数字化平台。试制工程数字化平台分为物理世界、数字空间、交互层三层。数字空间具备物理连接、数据中心、业务执行、数字管控、业务在线等特征。物理世界的设备、物料等元素响应数字空间的指令。交互层则包含试制部长、设计工程师、现场工人、仓储管理员等角色。

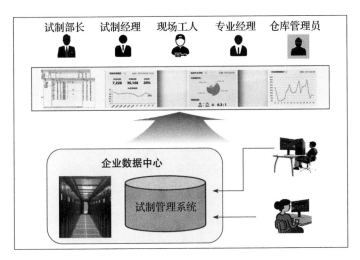

图 2-13 汽车样车试制管理系统及其应用方式

不同于过去的信息化,试制数字化是从物理世界构造一个数字世界,业务在数字世界里开展,物理世界只对数字空间里的业务行为进行响应。如图 2-14 所示,通过构建数字空间,传统的业务转型到这个数字空间里来开展工作,实现转型。样车试制包含 4 个步骤:生产计划、生产准备、生产执行和质量检测。所有参与试制的人员,包括现场工人、仓库管理员、设计工程师及试制部长,都在数字空间里完成他们的工作。这样就实现了从传统工作方式到基于数字空间的数字化业务运营的方式转型。

从这一案例中,我们应该注意到以下几个核心点。

首先,信息化并不改变业务的工作方式,信息系统只为现有的工作方式提供支撑。而数字化使得业务在数字空间中开展,改

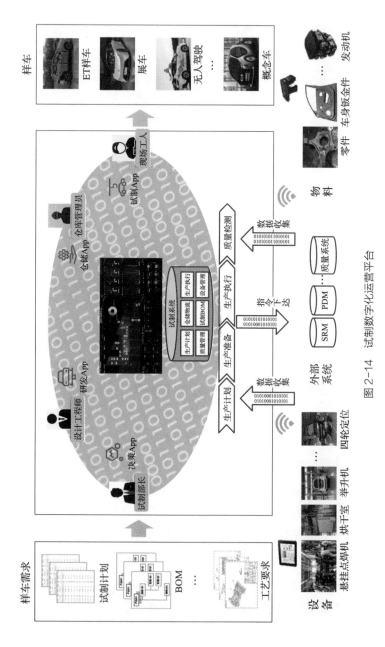

图 2-14 试制数字化运营平台

变了业务开展方式和工作模式。因此，数字化应该是业务人员主导的工作，而不是由 IT 人员主导。

其次，业务在数字空间中开展，数字化运营平台是基础。

最后，业务在数字化平台上开展，业务的所有活动都将产生数据，包括业务活动数据，参与者在线讨论问题、沟通、指派任务的协同数据，产品及状态变化数据等。对这些数据进行分析就可以挖掘出提升业务的很多价值点。业务在数字化平台上开展、产生数据是业务数据化的过程，而对数据进行分析、挖掘、应用是数据业务化的过程。数字化转型的工作重点是数据，而数据来自数字化平台。

这里陈述了汽车研发中的一个业务的转型。汽车研发涉及很多业务，这些业务都应该以数字化的方式来开展。而汽车企业的研发、制造、供应链、营销、服务等都可以实现数字化，从而实现传统业务的数字化转型。产品数字化、业务数字化涉及大数据、云计算、数据中台等非常广泛的内容，这些将在后面的章节中详细阐述。

2.5 数字化转型首要任务：明认知、转观念、重数据

麦肯锡的研究报告表明：80% 的企业数字化转型没有成功。原因有很多，最重要的是认知问题，只有改变领导团队和一线员工的思维方式，提升一线员工的技能，才能实现真正的转型。因此，数字化转型的首要任务是明认知、转观念、重数据。

1. 明认知

明认知就是要正确理解信息化、数字化、数字化转型的区

别，认识到数字化时代企业的发展方向和时代机遇。

数字化转型是关系企业生死存亡的大事。那么，由谁来承担这一重任呢？一般情况下领导层会理所当然地将这个重任交给IT团队，因为数字化转型的关键技术是信息技术。让IT团队承担数字化转型的工作是对的，但IT团队必须首先认识到数字化不同于信息化。如果没有深刻认识到信息化、数字化、数字化转型的本质和区别，他们很有可能将数字化当作信息化来做。笔者了解到太多这样做数字化的情况。IT团队专长于也习惯于传统的信息化建设，他们承担数字化转型的重任，却将传统的信息化当成数字化，或者干脆将过去的信息化建设项目改叫数字化转型项目报送给决策层，作为数字化转型的实施方案。目前很多企业进行数字化转型，实际上做的主要还是信息化的工作，它们错误地认为信息化做好了就是数字化了，而"数字化"做多了，企业自然就完成数字化转型了。这样做数字化，企业是不可能实现预期的数字化转型的。

2. 转观念

转观念就是要有数字化的观念，有数字化思维。在信息化时代，业务在物理世界开展，信息化建设围绕业务来开展。作为工具和手段，信息化并不改变业务本身。工作和思维模式不会因为信息化而改变，信息化是为物理世界的活动服务的。在思考模式上，人们还是用的物理世界的思维模式。随着数字化时代的到来，通过使用软件平台、物联网、移动互联网、AR/VR这些数字化技术，各种代表产品或业务的物理世界正在被升迁并重构成数字世界。在数字世界如何开展业务？如何优化现有业务？如何在数字世界里创新？这需要理念和思维模式的转变。在数字化时代需要将传统思维升级换代，构建新的数字化思维模式。数字化转型首先要转变观念。

3. 重数据

重数据就是要认识到数据的重要性和价值。业务在物理世界中开展，流程是核心，软件系统是工具，数据是软件系统运行过程中的副产品。很少有人注重数据的管理和应用，应用得比较好的是对某一业务的信息系统中的数据进行分析，应用于这一特定业务。数据是物理世界在数字世界的"孪生"，是开展数字化工作的基础。

信息化建设以应用为中心，重点是硬件和软件，对数据的分析主要是基于业务应用的数据分析（仅分析来自本业务应用的数据），通常由面向应用的分析人员完成，对数据应用的目标主要是面向应用的数据管控。数字化建设则以数据分析及其价值实现为中心，由专业的数据分析团队开展大数据分析，重点是数据和算法。

信息化通过建设信息系统，实现业务的可视、可管、可控，是业务数字化。

企业通过建设数据平台或数据中台，实现数据的智能应用并驱动业务提升，是数字业务化。业务数字化是数字业务化的基础，数字业务化实现的是价值创造。

在数字化时代，数据管理将成为企业的基本能力，数据逐步取代技术，成为企业竞争的核心驱动要素。对数据资源的掌控力、数据管理能力和数据应用深度关系着企业的未来。

第 3 章 | CHAPTER 3

信息技术与产品和业务的融合

在过去的几十年里，以计算机技术为核心的信息技术发展迅猛，且由于具有极强的穿透力，信息技术在各行各业都得到了广泛而深入的应用。数字化转型正是信息技术与产品和业务不断融合，实现产品创新和业务模式创新的必然结果。

本章将首先概述信息技术的发展历程及各阶段的特点，并以软件和平台为重点，深入探讨软件定义对产品智能、数字化平台对业务提升的巨大价值。然后，详细分析信息技术与产品和业务的融合。笔者将信息技术与产品和业务的融合分为三个阶段，即辅助、支撑和支配，并指出这一演进使信息技术与产品和业务的"主从关系"发生了互换，催生了产品和业务的新形态，进而引发数字化转型。最后，总结信息技术从辅助到支配的这一转变对企业数字化转型的几点启示。

3.1 信息技术发展及应用

信息是人们开展业务活动的核心要素之一。信息技术主要用于管理和处理信息所采用的各种技术，是用来设计、开发、安装和实施信息系统及应用软件的计算机技术和通信技术。20世纪80年代，个人计算机大规模普及应用，推动了以单机应用为主要特征的信息化；20世纪90年代中期，互联网大规模商用，推动了以联网应用为主要特征的网络化。当前，我们正在进入以数据的深度挖掘和融合应用为主要特征的数字化阶段。随着信息技术的飞速发展，信息的产生、管理和应用对产品智能化和业务数字化发挥着越来越重要的作用。

3.1.1 信息技术发展及应用模式的演变

自1946年诞生以来，计算机从过去的主机发展到今天的嵌入式计算单元，带来了产品的智能化。过去的主机是中央计算机，一台大型中央计算机服务很多用户；今天的计算机以嵌入式计算单元的形式装载在智能产品中，每个人都拥有或使用多种智能设备，应用十分普遍，几乎无处不在。以计算机为核心的信息技术，如应用软件、信息系统、数据库、移动应用等，在信息化时代和数字化时代应用越来越广泛和深入，并具有明显的时代特征。

1. 信息技术发展历程及其交付模式

按照交付模式，信息技术的发展历程可分为主机服务、互联网服务、云计算服务三个阶段（如图3-1所示）。

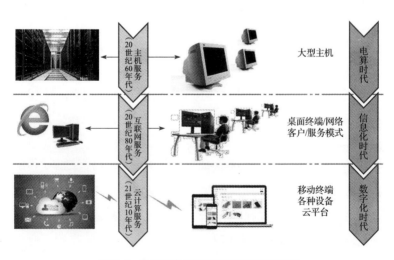

图3-1 计算机发展历程及应用模式的演变

在计算机出现之前，人们开展业务活动所需的信息和知识主要来自面对面交流、书本、报刊、杂志等。在计算机主机出现之后（主机服务阶段），其应用大都是面向科学计算的，并没有对普通大众提供信息和知识服务。

20世纪80年代，个人计算机得到普及应用。计算机网络化之后，计算机和互联网使信息互联互通。人们通过互联网搜索获得信息来开展业务。在互联网服务阶段，硬件以桌面终端/网络为主，软件是客户/服务模式，数据主要为结构化数据。

随着信息技术（IT）与通信技术（CT）的发展和融合，智能手机、平板电脑等移动设备有了技术支持，人们可以随时随地与互联网连接和交互，万众参与使得互联网发展模式发生深刻变革。

由于移动互联网随时随地、7×24小时在线的便捷特性，用户的触点不再只有办公桌上的一台个人计算机，通过移动终端的输入或者智能设备的自动采集，数据就能全网共享。这个输入过程与生产、业务处理过程融合在一起，就实现了业务在线。

在云计算服务阶段，企业逐步开展基础设施云化、应用软件云化工作。硬件及设备实现终端接入移动化和资源云化，软件变得服务化和平台化。

2000年，美、英、日等八国发表《全球信息社会冲绳宪章》。该宪章提出："信息通信技术（ICT）是21世纪社会发展的最强动力之一，并将迅速成为世界经济增长的重要动力。"以移动互联网、大数据、云计算、人工智能、区块链等技术为核心的新一代信息技术（见图3-2）的发展及应用正在引发各产业的深刻变革。

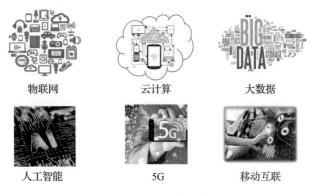

图 3-2 新一代信息技术

2. 信息技术在信息化时代、数字化时代的应用及其特征

从信息技术的价值创造来看,信息技术的发展可以分为三个阶段:计算机主机(电算)时代、信息化时代、数字化时代,如图 3-1 所示。信息化时代就是信息产生价值的时代,而数字化时代则是数字化技术和数据产生价值的新时代。

表 3-1 列出了信息化时代和数字化时代信息技术的应用特征,从基础设施、数据管理、应用人员和规模等方面进行总结,并对两个时代的应用特征进行了比较。

(1)信息技术在信息化时代的应用

在信息化时代,企业通过构建单个业务、管理环节的信息系统,全面支撑企业研发、生产、经营流程,提升管理效率。

信息系统是基于终端——服务端、以客户端/服务器和 Web 为主、两级架构的互联网应用,后台是企业自己的数据中心。数据中心提供服务器、网络等服务,员工工作以客户端应用及 Web 应用为主。信息化的输入输出终端就是 PC。

表 3-1 信息技术在信息化、数字化时代的应用及其特征

架构组成	信息化时代		数字化时代		
	前台	后台	前台	中台	后台
基础设施	PC	应用服务器	移动终端、智能设备	云服务平台	
界面/触点	应用系统界面	应用系统	App、Web、小程序	数字化平台	
数据管理	有限数据分析应用	数据库	数据驱动决策，数据智能驱动业务	数据中台	数据湖
应用人员	企业内部人员		企业内部、外部人员		

说明：
1. 云计算提供海量数据存储、计算、资源处理服务
2. 数字化平台实现业务在线
3. 数据中台实现数据智能
4. 数字化平台突破信息化以内部用户为主的局限，面向全社会所有用户

通过建设信息系统，企业内部的工作效率得到大幅提升，但在过去信息系统的用户主要是企业内部人员。

随着互联网的进一步应用，企业开始将产品、服务、组织和管理在线化、互联网化，开始尝试电子商务、门户网站和社交媒体。

（2）信息技术在数字化时代的应用

新一代信息技术的发展使得信息技术在数字化时代的应用有了根本性的改变，主要体现在产品的智能通过软件定义，业务的数字化模式开展通过数字化平台实现。

越来越多的产品通过嵌入式计算单元实现软件定义的智能化。超过 90% 的 CPU（中央处理单元）被安装在各类嵌入式系统中，带有芯片的智能设备（如机器人、智能汽车）越来越多。人工智能、机器学习技术赋予机器智慧，VR/AR 技术让人们获得超越现实的真实体验，再一次冲击着人们的想象空间。

在数字化时代，业务的开展可以通过数字化平台面向所有用户，即统一面向内部员工和外部用户。数字化平台突破了传统信息系统主要服务于企业内部员工的限制，开始面向外部的全社会用户，真正做到以用户为中心。业务在线使企业有能力连接到C端消费者和B端的产业。任何用户通过App、企业微信、小程序等移动应用就可随时随地获取企业提供的服务。

（3）从信息系统到数字化平台，业务规模飞跃式提升

信息技术的应用方式不同，对同一业务产生的价值有着巨大的差异。我们来看一个用信息化和数字化对同一个业务进行提升的例子。信息化即建设服务于企业内部的信息系统，而数字化则是建设面向社会的数字化平台。

每家汽车企业都有物流公司，由其负责把自己生产的整车运送到全国各地的4S店，4S店再交给车主。这就需要企业物流部门规划运输线路。线路涉及公路线、铁路线、水路线及物流中转中心等。过去线路大多是由人工规划的。由于线路的优化与否直接影响物流成本与车辆送达速度，应用信息技术代替人工进行线路规划当然要好得多。物流公司通常都会想到建设一个整车物流系统。这就是信息化，即为企业内部建设信息系统。结果是每家汽车企业都建设有自己的整车物流系统，以支撑管理4S店、车的订单，规划运输路线等。

有了数字化和数字化转型的认知，就应该建设数字化平台，即建设面向全社会的通用大平台。例如，东风汽车可以建设一个整车物流数字化平台，这个平台既给东风汽车自己的整车物流用，又可以免费开放给吉利、奇瑞、上汽、比亚迪以及中国的其他汽车企业。东风汽车的车要运到全国各地去，就一定要有中国地图、公路线、铁路线、水路线等。既然这些整车物流都需要的信息在

平台上都有了，为什么不给其他企业用呢？东风汽车建好了，免费给上汽用，只需要在平台上加上上汽的4S店和车就可以了。东风汽车的平台开放给全国的汽车企业用，就颠覆了所有汽车企业的整车物流业务。其价值无比巨大，这就是数字化平台的力量！

都是基于信息技术，如果你建设的是信息系统，对于业务来说只是提升效率；如果你建设的是数字化平台，就是数字化，对于业务来说就是模式创新，带来的价值是规模几倍甚至几十倍的增长。

遗憾的是，大部分企业和咨询公司还没有认识到数字化的巨大价值，还将信息化当成数字化，这样就不可避免地自己建设自己用的信息系统，而不是建设自己的数字化平台并面向全国所有的业务。如果你花500万元建一个企业自己用的整车物流信息系统，而别人花1000万元建一个全面开放的整车物流数字化平台，你的业务迟早会被取代或颠覆。在数字化时代就要用数字化来推进企业的发展。数字化是企业发展的时代力量！

如1.5.1节所述，软件有两大特点：赢者通吃和复制零成本。这里，整车物流数字化平台可以由一家汽车企业或第三方公司建设和运营，支撑所有汽车企业的整车物流业务，再次展示了"赢者通吃"的特征。

3.1.2 产品中的软件和业务的数字化平台

信息技术在数字化时代的应用在产品上表现为软件定义的产品智能化，在业务上表现为业务在数字化平台开展的新模式。软件定义主要通过嵌入式软件和应用软件来实现，而数字化平台通过技术服务平台和网络服务平台来实现。

1. 产品中的软件

（1）软件定义智能产品

嵌入式系统应用场景丰富，涵盖大部分生活及工业场景（见图3-3），例如：家电类产品，如数字电视；办公自动化产品，如打印机；网络通信产品，如交换机、路由器；汽车电子产品，如安全系统、汽车导航；工业控制产品，如工控机和交互式终端；等等。

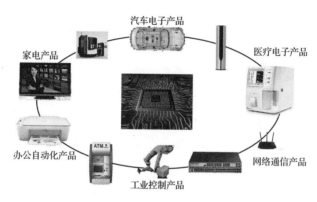

图3-3 软件定义智能产品

（2）软件定义智能汽车

目前，有70%的汽车创新来自汽车电子，有60%以上的汽车电子创新属于软件创新。

汽车的智能驾驶、智能互联、智能交互都是通过软件实现的（见图3-4）。汽车产品中的软件可以分为车载软件和车控软件。车载软件定义智能互联和智能交互，车控软件定义智能驾驶。汽车软件也可以分为应用程序软件和嵌入式软件。应用程序软件提供在线娱乐、互联网应用、车载社交等服务，而嵌入式软件提供远程诊断、远程控制等服务，以及自适应巡航、自动泊车等智能化功能。

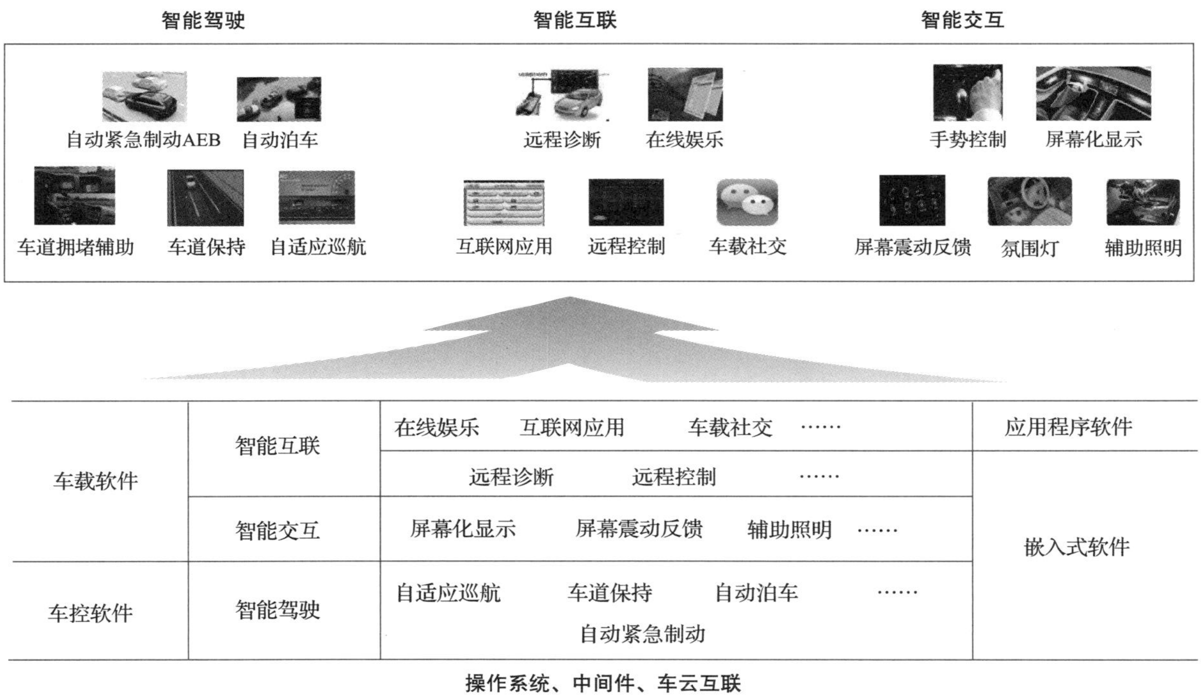

智能驾驶

- 自动紧急制动AEB
- 自动泊车
- 车道拥堵辅助
- 车道保持
- 自适应巡航

智能互联

- 远程诊断
- 在线娱乐
- 互联网应用
- 远程控制
- 车载社交

智能交互

- 手势控制
- 屏幕化显示
- 屏幕震动反馈
- 氛围灯
- 辅助照明

					应用程序软件
车载软件	智能互联	在线娱乐	互联网应用	车载社交 ……	嵌入式软件
		远程诊断	远程控制	……	
	智能交互	屏幕化显示	屏幕震动反馈	辅助照明	
车控软件	智能驾驶	自适应巡航	车道保持	自动泊车	
			自动紧急制动		

操作系统、中间件、车云互联

图 3-4 软件定义汽车智能化

此外，车内的软件还有操作系统、中间件、车云互联等。例如，数字化产品有了操作系统，软件就可以支配硬件。操作系统具有管理硬件的功能，也是应用运行的平台，支持第三方软件使用硬件。操作系统还管理用户信息，用户可以进行个性化设置，可以自行选择主题和布局、设置硬件表现，操作系统支持在用户换机时沿用用户的数据和设置。整个系统和平台都可以远程更新（OTA），即远程全机或任意部分升级。OTA升级涉及的既有人机交互、信息娱乐等体验性功能，也有自动泊车、底盘控制、电机控制、电池系统等安全相关的功能。车主对于驾驶OTA升级之后的汽车会有常开常新的感觉。

（3）万物互联，软件定义智能世界

物联网的本质是通过传感技术使万物实现感知，通过网络技术使数据流动、实现连接，从而实现人类与物理世界的交互，构建起人与物、物与物的连接和交互。

物联网具有信息多源、全面感知、可靠传递、智能处理的特征。因此，物联网对计算能力、数据处理能力提出了前所未有的要求。为应对这一挑战，互联网企业开发了具有前瞻性、通用性、分布性的云计算基础技术。大规模、网络化、高度自动化的新一代计算平台横空出世，手机、可穿戴设备、VR眼镜、智能家电、自动驾驶汽车、智能机器人等智能终端只要通过物联网接入云计算服务，立刻能够获得分布于全球的海量计算能力。

未来万物互联将为人们提供在出行中所需的一切服务。如图3-5所示，智能汽车通过连接万物，为用户带来各种场景下的智能服务。

图 3-5　万物互联将为智能汽车带来各种场景下的智能服务

2. 数字化平台

在第 1 章中已经提到,数字化时代的产业特征是企业的价值链已经延伸到服务阶段,企业要有"以用户为中心"的服务理念。

互联网公司率先创造了新一代商业模式——平台(如网约车平台、外卖平台),并吸引所有传统产业向平台模式转型升级。

(1)平台化企业

图 3-6 列出了全球市值最高的科技公司和汽车公司的市值,包括苹果、微软、亚马逊、谷歌、Facebook、特斯拉和丰田。

从平台的角度来看,这些企业大多是平台型企业。苹果等互联网企业的平台是面向全社会所有用户的。

平台的服务是没有边界的,既没有地域的边界,也没有时间的边界,即随时随地开放运营。表 3-2 列出了全球领先的平台及其面向的用户。谷歌每天要满足百亿种查询请求,每个网页建立上千种目录，1秒内呈现数亿种查询结果，每天有千亿级网页排序计算。亚马逊对千万种商品做个性化分类，并为亿万不同用户推荐不同商品，为每种商品计算上百种仓库位置，为美国国内5000多个物流站点同时提供路线计算。

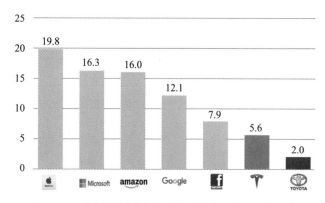

图 3-6　数字化时代的领先企业市值（单位：千亿美元）

表 3-2　全球领先的平台及其面向的用户

企业	平台	面向用户
微软（Microsoft）	Windows 操作系统平台	所有社会用户
谷歌（Google）	移动设备操作系统，安卓平台	所有社会用户
苹果（Apple）	移动设备操作系统，iOS 平台	所有社会用户
亚马逊（Amazon）	电商平台	所有社会用户
脸书（Facebook）	社交平台	所有社会用户
特斯拉（Tesla）	车联网平台	车主

图 3-6 中列出了特斯拉和丰田两家汽车企业，特斯拉的市值大约是丰田的 3 倍。特斯拉是智能汽车的典型代表，丰田是传统汽车的杰出代表，为什么特斯拉市值远高于丰田呢？可能有多方

面的原因，笔者认为，其中一个原因是特斯拉拥有强大的数字化平台运营能力。特斯拉的直销模式、车联网、远程更新等都是基于面向用户、面向全社会的数字化平台实现的。

智能化汽车企业应用信息技术建设数字化平台直达用户，而传统汽车企业在过去应用信息技术主要是为内部员工建设信息系统。

（2）数字化平台使传统企业连接用户、服务用户

为了快速响应、探索、挖掘、引领市场和用户的需求，企业须借助平台化的力量实现创新应用。

过去以产品为中心，信息化时都在内部建信息系统，现在推行数字化，要以用户为中心，企业就要做用户用的平台。例如，淘宝电商平台就是面向全社会的平台，任何人只要注册就可以使用。如果想在万达广场开一个实体商店，要申请、租地方、招人、找货源，工作量非常大；而在淘宝电商平台上开一家商店，加一个名字就可以了。因为平台已经具有新增商店所需的所有业务功能，如商品展示、交易服务、物流指派、用户评价等。所有的数字化平台都是如此。而基于云的数字化平台又具有强大的计算能力和高并发处理能力，可以轻松应对业务的不断扩展。在一个城市增开一家传统的出租车公司，各种要完成的流程、场地建设、人事工作非常复杂，而且服务的地域范围是有限的；而在已建立并运营的网约车平台上开展出租车业务，在这个城市也只需要在平台上加一个名字就可以了。阿里巴巴利用平台优势创造出了"双11"全民购物节，2020年天猫双11的成交额高达近5000亿元。这就是平台的巨大威力。

苹果、谷歌、淘宝、滴滴、微信、美团等企业的注册用户数

是传统企业无法相比的。有了用户，才能经营用户，才能谈得上"以用户为中心"，才能打造用户喜爱的产品，才能提供用户需要的服务。

在过去"以产品为中心"的时代，企业的价值是以市场份额来衡量的，那些巨无霸的汽车企业有着强大的优势。而在"以用户为中心"的数字化时代，企业的价值是以用户份额来衡量的。一个企业能够直接连接的用户越多，对用户的需求洞察就越深入，为用户提供的服务就越到位，创造的价值就越大，从而实现从用户份额到市场份额持续增长的能力就越强。

3.2 信息技术与产品和业务融合的三个阶段

信息技术与产品和业务的融合是指信息技术在产品开发、服务和业务开展中的应用。信息技术在过去几十年间得到快速发展，而其与产品和业务的融合在不同的阶段也表现出不同的特征和价值。

基于对信息技术与汽车产品和业务工作的认知，笔者认为，不管是产品还是业务，都可以看成三个阶段的融合：辅助、支撑和支配。辅助是对产品或业务而言的，信息技术对产品开发或业务开展有辅助作用，如采用计算机三维设计软件来设计产品；支撑则是指信息技术在一定程度上被用到了产品或业务中；而支配则是指产品或业务由软件定义或在数字化平台开展。

随着信息技术与业务和产品融合的不断深化，信息技术与产品或业务的"主从关系"发生了改变。在信息技术与产品和业务融合的三阶段中，第一阶段以产品或业务为主，第三阶段则以信息技术为主，信息技术从过去信息化时代的从属地位变成了数字化时代的主导或支配地位。产品或业务在数字化支配下以新的姿态出现，从而实现产品创新、业务模式创新。

3.2.1 信息技术与产品的融合

信息技术在产品中的应用以数字化设计最为典型。信息技术与产品的融合经历了早期的辅助、后来的支撑到今天的支配三个阶段，如图3-7所示。

信息技术与产品融合三阶段：辅助、支撑、支配。
支配阶段实现"软件定义产品"

物理世界

基于CAD/CAE的功能/性能开发　　软件驱动功能/性能智能化　　数字化智能产品

数字世界

CAD/CAE等　　嵌入式软件　　软件定义

阶段一：辅助 实体实现功能 软件独立于实体之外

阶段二：嵌入 实体在软件支持下完成功能，软件嵌入实体发挥作用

阶段三：软件定义 软件支配实体，同一硬件在软件定义下实现不同功能

图3-7　信息技术与产品的融合过程

现在的产品设计普遍采用三维设计软件。在产品制造出来之前，设计者可以先在计算机中生成自己构想的产品。这个构想产品的三维模型就叫作数字样机。应用数字样机，就可以进行各种校核，如运动机构是否工作、运动时机构件是否有干涉等，也可

以通过三维仿真校核各种性能。

在辅助阶段，三维设计和仿真软件广泛应用于汽车产品开发，此时软件与硬件是相互独立的，软件只是辅助，因而被称为计算机辅助设计（CAD）和计算机辅助工程（CAE）。

随着芯片（计算机单元）的应用，产品可以装载软件嵌入的芯片而变得智能。嵌入式软件使软件融入汽车系统或零部件，实现一定程度的硬件智能化。家用扫地机器人、打印机、复印机、汽车引擎控制、安全系统、汽车导航与娱乐系统等，其智能化的实现都是由于有了嵌入式软件。在这个阶段信息技术起的是支撑的作用。

第三个阶段是信息技术的支配阶段。智能网联汽车通过软件定义来实现智能：软件从作为辅助工具应用于设计硬件，到嵌入式赋能部件级硬件，到通过软硬件解耦，实现软件定义硬件。软件和硬件的进一步融合则需要实现软件定义汽车，实现汽车智能化、网联化。

随着信息技术与产品融合的深化，产品从仅在物理世界运转变为由数字空间里的软件定义、支配。

在信息技术的支配阶段，其对产品的价值变得非常重要，可以实现软件定义数字化产品。

例如：照相是一个我们常用的手机功能，手机的闪光灯就是照相用的。早期手机并没有手电筒功能，后来通过软件版本的自动更新（OTA），手机才有了手电筒这一新功能。闪光灯和手电筒的不同之处在于，闪光灯亮一下，而手电筒一直亮着。在软件控制下亮一下是一个脉冲信号，而一直亮着是一个恒定信号。同一个硬件，表现出来的两个功能却大不相同，只因为控制它的软件采用了不同的信号。这就是软件定义硬件。在不更换或升级硬件的情况下，通过软件自动更新就能为用户带来新功能，从而带来惊喜和愉悦的体验，这就是软件定义数字化产品的常用常新。另一个例子是，对于手机展示的内容、图片、文章，可以通过手指对手机触摸屏的不同作用而产生不同的功能。一根手指在屏上左右滑动，图片会随着左右移动；两根手指对内、对外滑动，图片会分别缩小、放大。这是软件对手指在同一硬件上的不同操作而产生的不同功能。

传统的产品是一种设备一个功能，而软件定义的设备是一种设备多个功能。汽车中的软件越来越多地取代硬件，定义汽车车内功能，如软件定义 HMI（人机界面）、定义各类仪表、定义导航等。软件取代硬件、定义汽车功能不仅实现了轻量化，还可以实现一种定义取代多个硬件或硬件设置。

通过软件定义、数据驱动，就能实现产品的智能化，例如"千人千面"与"千车千面"。"千人千面"指不同用户在相同的生态资源内定制选择不同的资源组合；"千车千面"是不同的用户在同一辆汽车中的控制、驾驶体验都不相同，这将是智能座舱的发展方向。

对于智能汽车的摄像头，通过软件控制就可以提供行车记录仪的功能。只需通过 OTA 为车更新软件，使之具备行车记录仪功能，能够进行数据和图像的采集与存储即可。此外，软件支配的产品还能实现持续升级、自我学习、不断完善，从而不断产生新的价值。

3.2.2　信息技术与业务的融合

信息技术与业务的融合也可以分为三个阶段：辅助、支撑和支配。不同于信息技术与产品融合，在这三个阶段中，辅助的价值是通过信息系统为业务提高工作效率；支撑是信息技术用于业务活动中，对业务部分赋能；而支配是通过数字化平台，使业务的开展从物理世界升迁到数字世界，数字世界支配物理世界。

信息化为业务建设信息系统，辅助业务的开展，类似于计算机辅助设计；建立数字化平台，实现数字化为业务赋能；业务与数字化平台进一步融合，业务将在数字世界开展，连接外部用户，实现业务数字化转型。

图 3-8 所示为业务与信息技术融合的三个阶段。图中的物理世界代表的是一个业务（如营销、试验、生产制造等），而数字世界代表的是应用系统或数字化平台（如经销商管理系统、数字化营销平台等）。

信息技术与业务融合三阶段：辅助、支撑、支配。
支配阶段实现"平台赋能业务"

图 3-8　业务和信息技术不断融合，业务从物理世界升迁到数字世界

以汽车产品销售为例。在辅助阶段，汽车的销售是通过 4S

店展示、出售给客户的。与客户的交流和产品展示主要是 4S 店员工与客户面对面进行，信息系统有店端的 DMS（经销商管理系统）管理订单等。这时的信息化独立在业务活动之外。

随着信息技术的进一步发展，信息技术开始融入业务之中。例如，4S 店员工通过 VR 技术展示汽车产品的各种配置及应用场景，通过 AR 技术展示汽车产品的各种功能、特性。VR/AR 技术应用到虚拟展厅、数字平台、移动 App、车载多媒体等领域，为用户提供更好的多样体验。这是支撑阶段。

在支配阶段，基于数字化平台的汽车销售在数字空间以多种触点方式与潜在用户交互，销售业务可以在数字世界和物理世界同步开展，可以线上线下融合。销售活动的所有业务以数字化为主导，物理世界的元素响应。此外，互联网平台也成为用户获取信息的主要来源，经销商的重要性则明显下降。

3.3 数字化时代的产品和业务创新

前面从辅助、支撑、支配三个阶段细致分析了信息技术与产品和业务的融合及其成效，并提出了一个重要观点：在信息技术与产品和业务的融合进入支配阶段后，软件和平台将成为决定性因素。因此，产品和业务的创新更多应该通过软件定义产品和平台赋能业务来实现。

3.3.1 软件定义产品，平台赋能业务

无论是产品还是业务，与信息技术融合都将形成一个物理世

界和数字世界的共同体,在这个共同体中,软件或平台将占据支配地位。

图3-9演示了产品和业务(物理世界)如何与信息技术(数字世界)融合为智能化产品或数字化业务。图中的产品数字化通过软件定义实现。物理世界和数字世界相互作用,成为数字化智能产品。一个智能化活动包括感知、分析、决策、执行四个步骤:物理世界感知,将信息传递给数字世界,数字世界分析和决策后,下达指令给物理世界执行。

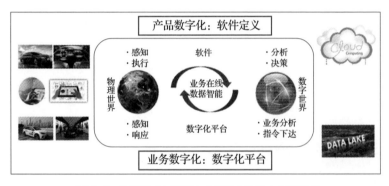

图 3-9　信息技术与产品和业务融合的数字化新模式

图中的业务数字化通过数字化平台来实现。基于数字化平台的业务工作,对物理世界的业务状况在数字世界中进行采集、分析,并下达指令,物理世界的元素给予响应。

基于软件的数字化产品和基于数字化平台的业务数字化将产生大量数据,需要建设数据湖对这些数据进行处理。同时,面向外部用户的产品应用或数字化平台需要极强的计算能力,需要建设云平台来提供云服务。

在具有强大数据存储、分析、计算、服务能力的数据湖和云计算平台的支撑下，对业务产生的大数据进行分析和智能应用，实现数据驱动的产品智能和业务创新。

数字化赋能业务已经成为一个共识。对业务的赋能可以通过很多方式，最直接的方式是资源（如经费、人员）的投入。

为什么数字化能赋能业务呢？因为实现了业务的数字化就有了数据，基于大数据和人工智能技术，数据智能应用就能提升业务，从而实现对业务的赋能。这里的"能"是来自人工智能的能量、能力。业务提升就是企业竞争力的提升。

从宏观的层面来看，在数字化时代，信息技术从助力经济发展的辅助工具向引领经济发展的核心引擎转变，进而催生了数字经济。

3.3.2　基于软件和平台的创新

既然智能产品的功能由软件定义，那么产品的创新就可以通过软件来实现。这里仅以特斯拉自动驾驶开发和验证为例加以说明。

自动驾驶汽车的安全性需要有足够多的里程数做保障。兰德智库对自动驾驶汽车的一个评估指出，自动驾驶系统想要达到量产条件，至少需要经过约 200 亿公里的道路验证。如果按传统的验证方式，假设有一个拥有 100 辆自动驾驶车辆的团队，他们同时进行 24 小时不间断的道路测试，所需要的时间也是以"百年"为单位的。

特斯拉则采用了数字化方式，向几十万车主借力，而不是让运营车队在路上空跑。特斯拉的这个功能叫"影子模式"，它的原理是，让特斯拉汽车的自动驾驶软件处于开启状态，传感器探测车辆行驶道路周围的数据，但驾驶操作完全由人来完成，机器不参与驾驶。即使在自动驾驶功能不开启的状态下，软件也可以在后台运行并收集真实路况环境下的实时运行数据，以反馈给特斯拉自动驾驶的神经网络进行学习。

特斯拉表示，如果使用电脑模拟器进行自动驾驶测试，每天的测试量可以达到160.9万公里，而特斯拉车主所能共享的数据已经超过这个数字。麻省理工学院对特斯拉的里程进行分析和预测后指出，到2020年，特斯拉累计路测数据已经达到33亿英里（52.8亿公里），预计到2021年将突破51亿英里（81.6亿公里）。

另外，特斯拉正在开展从其庞大的"用户车队"中获取训练数据的自动驾驶机器学习，以训练其自动驾驶神经网络。这实际上就是特斯拉"影子模式"的升级版本。原来特斯拉通过车辆硬件自主进行机器学习，加强自动驾驶能力，现在通过收集大量的实际驾驶数据，可以让自动驾驶更加强大。

而对于业务的创新，重点则应该在数字化平台上。伴随着软件和平台越来越占据支配地位，许多新的商业模式和业务模式应运而生。基于数字化平台开展业务数字化可以带来一系列模式创新。在宏观层面，从目前先生产再销售的模式，变成先销售再生产的模式；从标准化生产的模式变成个性化生产的模式；从开发企业变成服务企业；这些都是模式创新。

基于软件和平台的创新就是要通过数字化技术，而不是传统的硬件方式。例如，当我们讲要以用户为中心，提供超出用户期待的用户体验时，产品设计人员由于惯性思维，往往会从硬件设施的个性化方面考虑。其实，很多个性化服务都可以通过软件和平台来实现，而且容易得多。

飞机上的头等舱里经常会出现这样一种服务场景：乘务员非常有礼貌地对乘客说，今天有鱼和牛肉，如果鱼没有了，牛肉可不可以。这就没有以用户为中心，而是以产品为中心，即我有什么，你就只能得到什么。航空公司应该有乘坐头等舱的乘客每次选餐的信息，可以基于这些信息，为每一位乘客准备好他们喜欢的餐饮。此外，也可以让乘客在登机之前将自己喜欢的音乐、电影、照片上传到云端，这样乘客一上飞机就可以欣赏到航空公司为其下载好的娱乐文件，一段充满个性化服务的愉快旅行就开始了。这就是通过软件和平台，而不是传统的硬件来实现创新。

数字化为创新带来无限的想象空间，后续章节会介绍更多详细的案例。

3.3.3　智能网联汽车是软件定义和平台赋能的产物

智能数字化产品是一个生态系统。电动化、智能化、网联化和共享化使汽车从单独的机电产品发展为智能城市复杂生态系统中的一员，也是智能网络的一个数据终端。

汽车企业的数字化转型可以认为始于产品的数字化。移动互联网的广泛应用使得车联网一度成为汽车产品的新亮点，远程解锁、远程启动等功能开始出现，继之而来的还有车机终端应用、车机操作系统（OS）、ECU（电子控制单元）软件等。数字化为汽车增添了很多新的配置功能。车联网平台、数字化营销、个性化定制平台等数字化平台随之而来，汽车企业开始从产品到业务全方位推进数字化工作。

图 3-10 是一台智能网联汽车的主要软硬件构成的示意图。其中，物理世界指的是汽车本身，而数字世界指的是为汽车提供智能网联服务的软件和数字化平台。汽车智能的软件有车控软件、车载软件、应用软件、嵌入式软件，以及云平台中汽车的数字孪生、大数据分析平台等。

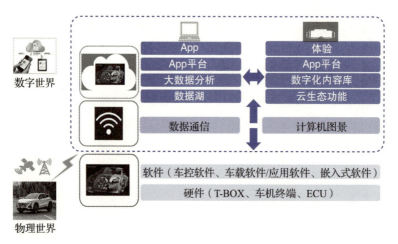

图 3-10　汽车从机电产品到数字化产品

过去汽车只是一个机电产品，而实现网联后的汽车要提供各种服务。如图 3-10 所示，有一辆物理的车，就要做一辆数字的车，既要能远程控制汽车，还要能进行远程诊断等。传统的汽车是图 3-10 左下角的机电产品，而今后的智能网联汽车则通过软件定义汽车，提供智能座舱、自动驾驶等智能服务。

因为智能网联产品的软件和提供服务的数字化平台成为支配因素，所以汽车产品可以看成汽车技术和 ICT 技术的产物。从这个意义上说，汽车企业造车和互联网公司造车各有优势，不仅可以说互联网公司跨界造车,也可以说汽车企业跨界做物联网产品。

3.4 信息技术从辅助到支配对企业数字化转型的几点启示

无论是信息技术与产品的融合带来的产品数字化,还是信息技术与业务的融合带来的业务数字化,信息技术的地位都越来越重要。这是一种发展趋势,且将对产业重构、企业核心价值、组织形态和企业文化等方面产生深远影响。

基于对这一发展趋势及其影响的认知,笔者认为信息技术从辅助到支配的转变对企业数字化转型有以下几点启示。

1. 对行业的重新认知

智能网联汽车是软件定义和平台赋能的产物,可以简单看成传统汽车和数字化技术(包括信息技术、通信技术、人工智能技术)融合的结果。如果理解了"智能网联汽车是软件定义和平台赋能的产物",就不难理解无任何造车背景的公司为什么会跨界加入造车行列。不是因为造车的门槛降低了,而是因为车的性质发生了根本性的改变。传统汽车公司有造车的优势,而无造车背景的互联网公司则有数字化技术的优势,例如,小米、百度和华为都有连接客户、经营客户、数字化平台运营等优势。

汽车的发展趋势是"电动化、智能化、网联化、共享化"(新四化)。目前引领"新四化"的都不是传统的汽车企业。例如,电池是电动化的核心技术,代表企业有宁德时代;智能化是自动驾驶的核心,引领行业的企业有谷歌、百度;网联化是互联网企业的优势，代表企业有阿里、腾讯；共享化以滴滴领先，它占领了 90% 的出租车市场。

从技术上来说，智能化、网联化、共享化的技术基础是人工智能、大数据、云计算、通信技术和物联网。这些都是 ICT 企业的专长领域。

汽车将成为智慧城市、智能交通、智能生态中的一员，成为万物互联生态中的终端。因此，汽车将"跨"入万物互联的网络生态，而网络生态的主力军是 ICT 企业。车载终端的应用主要来自高德、阿里、百度、腾讯等互联网公司。

对于传统的汽车形态，外界公司是跨界了，而对于未来的汽车形态，也可以看成传统汽车企业跨界到了 ICT 行业，只不过是以汽车为载体的跨界（见图 3-11）。

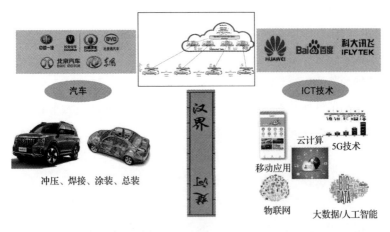

图 3-11　未来的智能网联汽车是一个生态系统，是传统汽车和 ICT 技术的共同体

信息技术正全面融入产品和业务的各个方面，将深度重构汽

车价值链及运营体系。而传统汽车企业的跨界正是汽车企业要推进的数字化转型，它们要成为数字化企业，成为软件和数据公司。

ICT 公司利用数字化运营平台优势，可以快速积累用户，线上线下一体化整合。由于软件和平台可零成本复制，ICT 企业可以免费快速积累用户，真正实现以用户为中心的服务和运营。

2. 对信息技术价值的重新认知

信息技术的价值将在企业发展中得到大大提升。由于企业的信息化在过去一直处于辅助角色，因此信息化工作受到的重视程度不如业务和产品。企业的领导者、管理者、业务人员一般情况下都不会把信息化作为企业工作的核心。由于这一惯性思维，即使现在企业的领导亲自主导推进数字化转型，大家仍然会不自觉地把数字化的重要性等同于信息化，仍然比不上产品和业务。例如，企业里领导在听取工作汇报时，如果同时有产品或业务的汇报与信息技术应用的汇报，通常都会优先安排听取产品或业务的汇报，有时信息技术应用的汇报甚至都排不上领导的日程。目前这种现象还非常普遍。这种错误的观念不得到纠正，将贻误以数字化转型来提升企业未来竞争力的机遇。

3. 对 IT 团队价值定位的重新认知

企业的 IT 团队过去从事的是信息化工作，是辅助角色。当业务和产品本身已发展为由信息技术支配时，产品开发人员和业务人员必定会成为信息技术的开发者和应用者。今后简单的信息化工作完全可以由产品开发和业务人员自己来完成。IT 团队必须重新定位，重新找到自己对企业的价值。企业的 IT 团队必须转型为数字化团队。

第 4 章 | CHAPTER 4

构建数字空间,让传统业务在数字化平台上运营

汽车研发包括产品开发、技术创新和研发业务的经营管理，涉及产品设计、样车试制、仿真和试验验证、工艺设计、新技术研究和应用、项目管理、竞品对标、质量管理等诸多业务。本章将以其中的一个业务——样车试制为例阐述一个核心观点，即"构建数字空间，让传统业务在数字化平台上运营"，以实现数字化转型。

广汽研究院试制工程数字化实施了信息化、数字化，实现了试制业务的数字化转型，在产能提升上取得了非常显著的成效。该数字化转型解决方案已逐步得到行业内外的高度认可，成为行业标杆。

本章分为两部分：第一部分将论述试制这一传统业务如何开展信息化、数字化，如何实现业务从在物理世界中运营到在数字世界中运营的数字化转型；第二部分将介绍广汽研究院的数字化发展路径，即从"信息化研究院""数字化研究院"到"智慧研究院"。广汽研究院的信息化研究院已基本建成，且已开启数字化研究院建设。试制工程数字化为研究院其他业务的数字化转型提供了可复制的先进理念。

4.1 汽车样车试制及其挑战

汽车样车试制是为新车开发生产试验所需的样品车，是汽车研发的主要业务之一。新车开发需要经过多轮样车试制和试验，改进设计和工艺，才能保证最终量产车的设计最优、尺寸合理、质量合格、成本最低。对于一个全新车型的开发，通常需要试制上百辆样车。

汽车开发过程分为方案设计、工程设计/验证、投产启动三个阶段。如图4-1所示，各阶段需要不同样车做不同的试验验证。样车通常有骡子车、ET（工程试制）样车、PT（生产试制）样车三种。骡子车是在方案设计阶段用现有的车进行改装，然后装上新开发的部件、系统。ET样车主要是在工程设计/验证阶段通过新车型开发的部件、系统进行生产，设计状态未完全确定。在投产启动阶段，新车型开发的部件、系统已经成熟稳定，PT样车主要采用量产工艺路线和要求进行产品试制。

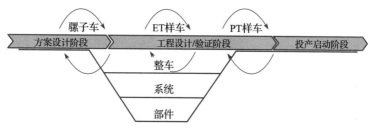

图4-1 汽车研发过程中各阶段需要不同样车做不同的试验验证

除了用于试验，样车生产还包括车展上的展车、概念车、无人驾驶汽车等不同特殊用途的车（见图4-2）。

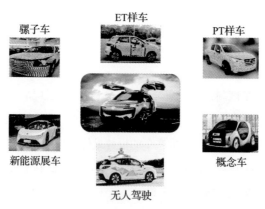

图4-2 试制工厂生产的各种样车

虽然在制造工艺上，样车试制与汽车大批量生产一样，也包括冲压、焊装、涂装、总装四大制造工艺，但从生产对象、生产方式来看却有着很大的不同。从生产对象上看，样车的个性化程度高，需求量却很少，而量产汽车的标准化程度高，需求量大；从生产方式上看，样车试制更多采用单工位生产，而汽车大批量生产采用流水线生产。因此样车试制与汽车大批量生产相比，效率要低得多。

试制工厂有焊装、涂装、总装三大整车制造工艺，具备常规整车，电动、混动、氢燃料等新能源整车，以及轿车、SUV（运动型多用途汽车）、MPV（多功能车）各类车型的整车及总成件，展车、赛车等特殊车辆的研制及小批量个性化生产能力。该工厂试制生产了广汽集团自主品牌所有研发阶段的整车产品，其中明星产品有GS4、GS8、GM8、GA8等，广汽新能源全系产品Aion S、Aion LX等。

试制工厂建设有焊装车间、涂装车间、总装车间、检测车间和仓库等，拥有60个生产工位和点焊机、烘干机、举升机、四轮定位等典型设备。样车试制的参与人员涉及现场工人、设计人员、仓储管理员、设计和工艺工程师、试制部长等多种角色人员。

样车试制在生产方式和生产过程管控上都有很大的挑战。

从生产过程的管控上看，试制样车具有零部件状态的不确定、高度个性化等特点，导致试制生产存在计划频繁变更、现场经常缺料、质量问题处理周期长等问题。图4-3展示了试制生产涉及的生产计划、生产准备、生产执行、质量检测等步骤以及流程中常见的问题。在生产计划中，样车需求台账、试制生产计划、周生产计划等计划频繁变更（图中用灰色标注）；在生产准备、生产执行上，物料收货/入库延期、物料配送不及时、总装现场经常缺料等问题成为常态（图中用浅蓝色标注）；在质量检测上，生产现场质量处理、质量管控、样车评审等环节的质量问题处理周期长（图中用深蓝色标注）。

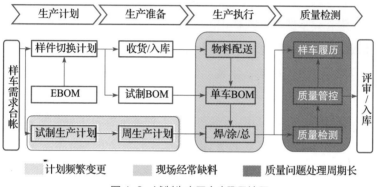

图 4-3　试制生产四个步骤及流程

因此，应对计划变更，及时准备物料，快速解决试制中的质量问题，提升试制产能成为试制工程的核心问题。

此外，由于试制的样车主要用于试验，因此对其完成时间有严格的要求。冬季、夏季试验用车必须按时生产出来，才能完成研发要求的高低温季节性试验，以保证研发车型按时上市。

为应对上述种种挑战，广汽研究院试制工程数字化打破传统的业务模式，构建数字空间，让试制业务在数字化运营平台上开展。为此，广汽研究院首先以传统信息化的方式建设了试制管理系统。

4.2　试制管理系统

试制管理系统包括生产计划、试制 BOM（物料清单）、仓储物流、生产执行、质量管理、设备管理 6 个主要功能模块，如图 4-4 所示。

图 4-4　试制管理系统的功能模块

生产计划模块统一管理项目样车需求、样车作业计划、年度统筹计划、车间周计划等业务。到货计划、出入库管理、库内作业和库位管理在仓储物流模块实现。试制 BOM 模块对 EBOM、全配置 BOM、力矩管理等功能进行变更管理，还具有单车 BOM 自动生成功能。生产执行模块包括日生产派工单、加工状态管理、工艺文件查看等功能。质量管理模块用于质量问题填报、关键工序质检、总装调试等质量管理工作。设备管理模块用于设备台账生产设备及物料实施的管理。

随着时间的推移和新车型项目的逐渐开展，试制管理系统积累了生产计划、仓储物流、试制 BOM、生产执行、质量管理、设备管理等过程和结果数据。其中在生产计划模块中就积累了几千台样车的信息，比如样车的编号、VIN 编码、试验用途、需求时间、开工时间、完工时间、交车时间等样车信息，如图 4-5 所示。为了支持业务开展，试制部长、设计工程师、现场工人、仓储管理员等角色都通过试制管理系统查看相关信息。

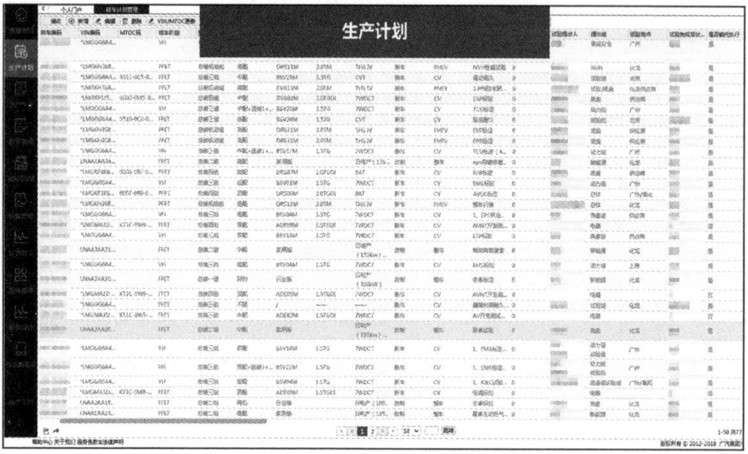

图4-5 试制管理系统的生产计划模块界面

以试制管理系统来支撑生产计划,并没有改变生产计划的工作方式,只是将原来的流程、纸质文件进行了在线管理。这一信息系统提升了生产计划的工作效率,取得了一定成效。

例如,在生产计划管理上,虽然应用了试制管理系统中的计划管理功能,工程师在进行计划管理协调时,还是通过打电话或开会来沟通设备使用情况和物料准备情况,形成较为准确的计划,再通过样车作业计划、车间的周计划子功能,从几十个新车型项目和成百上千台样车的生产基本信息中找出相应的项来维护这些计划,供试制部长、设计工程师、现场工人、仓储管理员等查看。试制管理系统只是把原来的(纸质)计划在线化,生产计划业务活动还是在物理世界中进行。

图4-6所示为试制管理系统各功能模块的界面。信息系统的每个模块都管理着业务功能,包括流程和数据。从图中可以看

出,信息系统的数据量很大,因此真正能够熟练使用的人并不多,结果是数据利用率不高,数据的价值没有发挥出来,计划频繁变更、现场经常缺料、质量问题处理周期长等问题仍然存在。信息化建设,即建设试制管理系统,很难达到减少异常停工、提升设备利用率、提高试制产能的目标。

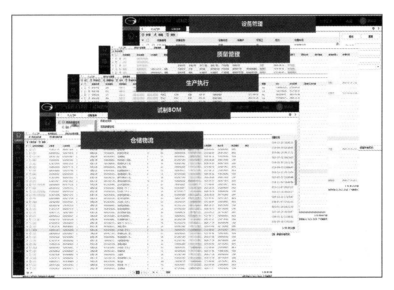

图4-6 试制管理系统各功能模块界面

试制工程的数字化是要通过构建数字化平台,将业务由物理世界升迁到数字世界,在数字化平台上开展试制生产计划、生产准备、生产执行、质量检测等业务流程以及所有参与业务活动的协同工作。通过模式创新,实现业务的数字化转型,最终实现提高试制产能的目标。

4.3 试制业务数字化实现

试制业务数字化是以数字空间为核心，通过构建具有物理连接、数据管理与分析中心、业务执行、数字管控、业务在线等 5 个特征的数字空间，将在物理世界里开展业务的行为升迁到在数字空间里开展。与以流程和功能为主的试制管理系统辅助的传统方式不同，在数字空间中开展业务是利用数据驱动生产计划、生产准备、生产执行、质量检测等业务活动，实现数字化试制生产新模式。

4.3.1 数字空间的构建

对于一个传统的业务，要实现从在物理世界中运营向数字空间中运营的转型升级，就需要构建一个能够支持全部业务活动功能的数字化平台。试制数字化平台（见图 4-7）就是这样一个平台，它由物理世界层、数字空间层、交互层三层组成，其核心是数字空间。数字空间主要包括数据管理与分析中心、业务执行、数字管控三个核心部分，并且具有上下交互层、下接物理世界层的数据连接功能。原来在物理世界中的物理元素还是在物理世界层。物理世界的设备、物料等元素会响应数字空间的指令。交互层则包括面向试制部长、设计工程师、现场工人、仓储管理员等所有参与业务工作的人员的移动交互触点，如 PDA（手持移动终端）、PAD（平板电脑）等。

数字空间具有以下 5 个主要特征。

- ❑ **物理连接**：将物理世界的设备和物流连接起来，打通焊装、涂装、总装、终检等设备，连接物料和仓库。通过物理连接，物理元素的数据（如设备的状态数据、传感器数

第4章 构建数字空间，让传统业务在数字化平台上运营

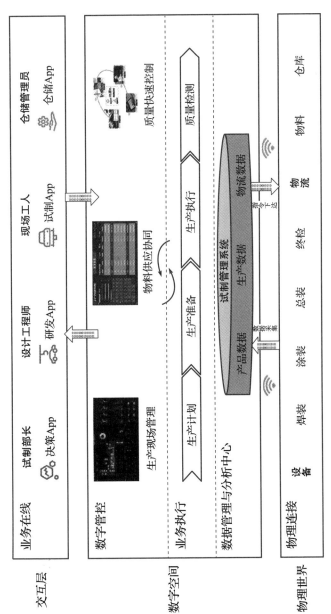

图4-7 试制数字化平台

据、扫描器采集的数据等）可以上传到数字空间，数字空间的指令可以下达到物理元素，实现对物理元素的控制或驱动。

- ❏ **数据管理与分析中心**：以试制管理系统为核心，打通产品信息类系统、生产设备、物流类信息系统等，汇聚试制生产相关产品、生产、物料等数据。用系统的分析功能完成对数据的分析，以支撑业务的开展。
- ❏ **业务执行**：试制生产主流程的生产计划、生产准备、生产执行、质量检测等业务活动全部在数字空间里执行。
- ❏ **数字管控**：通过对生产现场管理、物料供应协同、质量快速控制等与提升产能密切相关的三个方面进行数字管控，实现业务的不断优化和能力提升。
- ❏ **业务在线**：为所有参与业务活动的人员提供移动应用，使各类参与人员（试制部长、试制工人、设计工程师、仓储管理员）开展工作需要的所有业务信息和功能在线化，以实现在数字化平台上开展所有协同工作。

1. 物理连接

物理世界与数字空间的连接主要是指连接生产设备和仓储物流，同时通过连接车间、仓储的外部终端接收数字空间的指令。

连接的生产设备包括焊装车间的夹具、点焊机等设备，涂装车间的喷漆室、烘干室设备，总装车间的举升机、力矩扳手工具，以及终检车间的四轮定位检测仪和三坐标测量仪。连接仓储物流包括连接物料、仓库、物流台车等。此外，对仓库的库区、库位、入库物料进行条码管理，实现仓库和试制物料的连接，如图4-8所示。

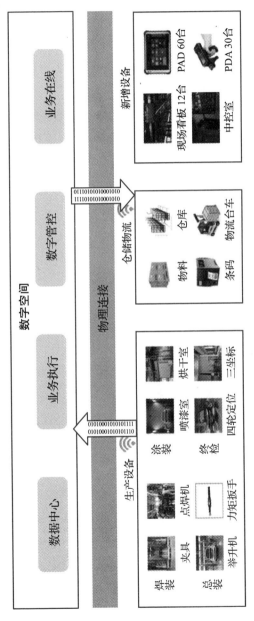

图4-8 数字空间和物理世界的连接

为了采集业务活动数据，获取数字空间的指令，跟踪数字空间下达指令执行进度，试制车间工位配备了 60 台 PAD，为仓储管理人员配置了 30 台 PDA，生产现场部署了中控室和 12 个现场看板。

物理连接的功能类似于工业互联网。工业互联网是通过构建连接机器、物料、人、信息系统的基础网络，实现工业数据的全面感知、动态传输、实时分析，形成科学决策与智能控制，提高制造资源配置效率。数字化平台的构建核心在数字空间，网络建设不是该平台的建设重点。

2. 数据管理与分析中心

为了实现在数字空间中开展业务，数字化平台建立了数字空间的数据管理和分析中心。该中心以试制管理系统为核心，集成产品类信息系统、物流类信息系统和连接的生产设备等，汇聚了试制生产相关的产品、生产、物流等的各种数据，如图 4-9 所示。

数据管理与分析中心负责数据采集、数据存储、数据分析等所有与数据相关的工作。数据来源于信息系统和工厂设备。通过获取项目管理系统（PMS）、产品数据管理（PDM）系统、质量管理系统等产品信息系统中的样车需求、EBOM、设计问题、临时措施等数据，构成以产品为主线的产品数据。生产数据则是来自试制管理系统的各功能模块和生产设备的数据。在系统中获取生产计划、生产执行等业务数据，同时采集生产设备、测量、检测、控制类设备的运行状态和运行参数数据，获取检测报告。对于物流数据，需要试制管理系统与物流信息相关 SRM（供应商关系管理）系统、样车系统进行双向对接，构建完整的采购订单、到

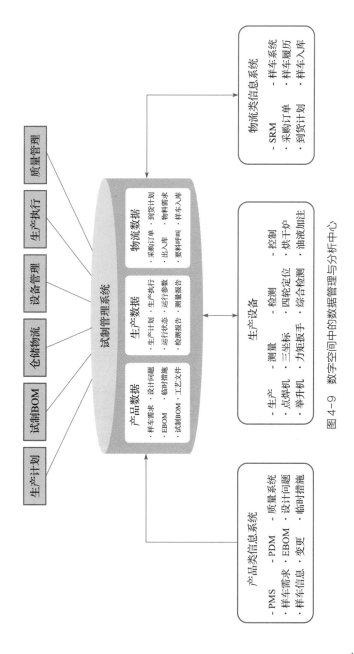

图 4-9 数字空间中的数据管理与分析中心

货计划、出入库、要料呼叫、物料需求、样车入库等物流数据。

数据管理与分析中心在试制管理系统集成SSO、工时系统、移动平台的基础上，增加更多信息系统的集成，包括PDM、工艺系统、PMS、质量管理、竞品对标、知识工程等产品类信息系统，以及SRM、样车系统、财务系统等多个物流类信息系统（见图4-10）。

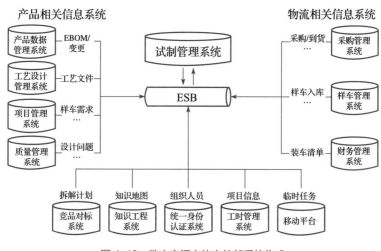

图4-10 数字空间中的内外部系统集成

在数字化平台上开展业务，涉及系统、设备、通信协议等多个方面，系统和设备的类型较多，通信协议和数据结构也比较复杂。该平台采用消息队列、ESB（企业服务总线）适配、设备OPC服务、ODBC（开放数据库互连）等方式实现。数据管理通过构建数据仓库管理生产数据、产品数据、物流数据。数据分析则是构建生产现场管理、物流供应协同、质量快速控制等方面的数据分析模型和算法，以满足不同业务场景对数据的要求。

数据管理与分析中心管理生产、产品、物流等数据。随着业务的开展，数据量爆发式增长。与试制管理系统相比，数据管理与分析中心的数据量要大得多，数据增长速度也快得多。因为前者是在物理空间开展业务，而后者是在数字空间开展业务，一个活动涉及的数据完全不在一个量级。例如，试制管理系统中的设备数据只有"设备名称"这一个数据，而在数据管理与分析中心的数据包括设备分布、设备图像、设备正常/报警状态、设备使用人员名字、设备使用人员工号、设备使用人员技能、设备占用样车、设备使用开始时间、设备使用结束时间、设备占用时长、当前加工工序、设备利用率、设备预测占用等几十个数据。

随着业务的深入开展，试制工程数字化平台将积累越来越多的数据。对数据进行大数据分析，将能挖掘出改进业务、提升业务价值的着力点。

3. 业务执行

业务执行是指在数字空间中，所有试制参与人员可以完成试制业务的全部流程，即试制生产的生产计划、生产准备、生产执行、质量检测等业务全过程。

为此，在数字空间中构建了生产计划、生产准备、生产执行和质量检测等所有业务流程。而当在数字空间开展业务活动时，生产计划的编制、协调、发布等活动，生产准备的捡料、配送等活动，生产执行的开/完工、记录、装车清单等活动，质量检测报告等过程和结果将成为数据，记录在数据库中——这就是业务的数字化（见图4-11）。

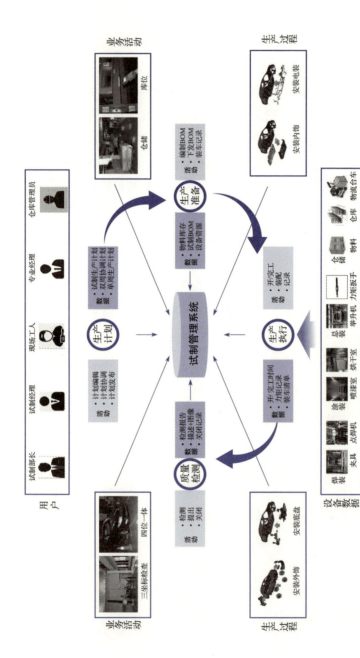

图 4-11 业务执行中活动产生的数据保留在试制管理系统中——业务数字化

此外，在试制的不同环节会采集不同的业务数据，如图 4-12 所示。在生产计划环节，在项目启动时自动从 PMS 接收样车需求，每周自动更新周计划，还支持一次性录入设备资源和生产工序。在生产准备环节，在项目启动时从 PDM 系统接收 EBOM，每周自动生成试制 BOM、单车 BOM 等，实时输入的出入库单据、物料配送等任务是根据一次性录入物料库位和物料设备进行指引完成的。生产任务、生产资料、力矩、问题图片等数据都是在生产执行环节需要采集的。检测任务和检测报告自动获取，检测通过后样车自动入库。

生产计划		生产准备			生产执行			质量检测	
数据	样车需求、工艺文件	周计划、统筹计划	设备资源、生产工序	EBOM、试制BOM、单车BOM	入库单据、物料配送、出库单据	仓库库位、物流设备	生产任务、设备状态、员工工时	问题图片、力矩参数、加注量	检测任务、检测报告、设备状态	样车入库、样车档案
方式	即时	即时	手动录入	即时	实时	手动录入	实时	即时	实时	即时

图 4-12 试制各环节采集的业务数据及方式

数字空间的数据不仅是业务工作的需要，随着时间的推移和试制业务数据的不断积累，它更是开展大数据分析的宝贵资源，将对业务赋能。

4. 数字管控

数据管理和分析中心管理了业务开展的所有数据。基于数据开展数字管控实现了生产现场数字化管理、物料供应数字化协同、质量数字化管控。试制工程数字化运营中心以大屏的方式展示生产信息、计划及执行信息、异常情况信息、在制品生产进展等信息，实现生产现场的数字化管理；通过外部供应预警和内部配送跟踪，实现内部物流高效运转；质量数字管控则是以数字化开展质量快速处理和全面质量管理。

（1）生产现场数字化管理

为实现生产现场监控、异常情况跟踪、计划执行管控、在制品生产管理，试制工厂建设了试制工程数字化运营中心（见图4-13）。

图4-13　试制工程数字化运营中心

生产现场监控：生产现场监控以试制工厂整体布局为背景，对100多名现场人员作业情况、60多台设备运行情况进行实时展现，使生产管理者能够快速定位生产人员、设备瓶颈，并及时调整人员安排和设备资源。例如，通过生产现场监控展示的实时数据，生产管理者发现焊装车间设备空闲率达到60%，作业人数已为90%，人员存在瓶颈问题，而制件车间设备利用率超过80%，作业人数仅为50%，人员闲置率较高。生产管理人员随即调配制件车间富余人员到焊装车间开展生产任务，从而提高人员利用率，降低设备空闲率，加快样车制作速度。

异常情况跟踪：对生产过程中出现的物料缺料、质量问题等异常情况进行实时跟踪。生产管理者利用异常跟踪，实时掌握异常情况对生产的影响，就可以及时调整生产任务。以对总装工位的物料跟踪和异常情况处理为例，总装工位通过PAD对物料进行呼叫，仓储人员在PDA中收到备料和配送任务信息后进行配送。当仓库缺料，无法备料时，系统就会自动报警，推荐收货区域的物料，进行调配；当仓库、收货区域均缺料时，生产管理者直接调整生产任务，及时降低因缺料而导致的停工对生产的影响。通过对物料的呼叫、备料、配送各环节的任务执行进行跟踪，各环节的物料异常情况就能够得到及时处理。

计划执行管控：需要对车间/项目的月计划、日计划完成情况进行数字化管理。生产管理者利用计划管理，分析计划完成情况，及时调整生产计划。例如，对项目计划进行管控，生产管理者基于平台自动获取的车间计划和各车型项目计划信息，分析项目完工趋势，当发现A项目出现延期，B项目已提前完成任务时，及时将B项目的生产资源划分给A项目，进行计划调整。

在制品生产管理：通过对各车间现场的在制样车以及缓存区的样车进行监控，使在制样车周转率得到提升。在制品数字化管理需要分析在制样车的工序，获取各样车的实际位置，实时跟踪在制车停放时间、地点，当到达容积上限时，就需要对滞留较久的在制车进行清理，并调整上下游车间的生产计划，从而提高在制车周转率。

（2）物料供应数字化协同

针对生产现场经常出现的仓储爆仓、生产工位缺料等问题，通过外部供应预警和内部配送跟踪管控，实现数字化协同管理物料供应，从而实现物料供应的内部物流高效运转。

物料供应包括由设计工程师负责的外部供应和试制工厂负责的内部配送两个环节。外部供应环节涉及3000多位设计工程师的采购需求，内部配送环节涉及近100台车的物料配送。对于高度个性化的试制生产，传统的物料供应方式很难实现在3000个设计工程师的需求，近100台车的物料配送任务条件下的高效物料供应，往往造成物料采购不到位、仓储经常爆仓、现场经常缺料等问题。

外部供应环节包括采购、收货、入库三个阶段。为实现数字化管控，数据管理和分析中心集成了SRM、PDM和试制管理系统，可以提供完整的采购订单、到货计划、BOM、生产计划，用于物料供应管理。

在采购阶段，提前2个月就开始对物料采购情况进行跟踪，对采购不足的物料，信息会自动推送给设计工程师进行预警。在收货阶段，通过对仓库区域利用情况的分析，为供应商和仓储管理员提供合理的到货计划，并及时跟踪到货情况。对到货延期的物料，信息会自动推送给设计工程师进行预警，督促设计工程师推动按期到货。在入库阶段，通过打通收货和入库信息流，实现物料精准入库。

试制工厂的内部配送是利用仓储App、试制App和仓储看板、现场看板等数字化工具对内部配送的需求、备料、呼叫、配送、收货等信息进行在线跟踪管控,实现物料的协同配送。现场工人在试制App上一键式呼叫物料,数字空间中就能自动生成备料任务、配送任务,并将任务分派给备料人员和配送人员。备料人员和配送人员在仓储App中接收任务并根据物料货位指引及时进行备料和配送。仓储看板则自动对备件进度、配送进度进行跟踪监控,并对配送超时情况进行及时处理。

(3)质量数字化管控

质量数字化管控包括质量快速处理和全面质量管理两个方面。质量快速处理是对于试制过程中出现的质量问题,现场作业人员通过应用研发App、试制App进行在线填报,提交的问题流转到相关专业或管理人员后得到在线及时处理,因而质量问题得以尽早解决并关闭。全面质量管理是在数字化平台上对质量问题进行PDCA(Plan-Do-Check-Act)四个阶段的有效管理。

试制生产中的样车,零部件状态还不成熟,因而不可避免地有潜在的装配不良、安装不匹配等质量问题。以前的处理方式是现场工人将问题层层上报,最后设计工程师到现场分析、处理该质量问题。例如,当发动机装配不上时,现场工人报送给班组长,班组长报送给试制经理,试制经理再报送给设计工程师。用这种方式解决这个问题也许需要4～6天才能处理完毕。发动机装配不上通常会直接影响后续的生产,从而引起异常停工。

质量快速处理解决了质量问题处理周期长以及由此导致的异常停工现象。通过试制 App 和设计 App，从问题在线填报、车间在线确认、设计在线处理、实施解决方案到问题关闭等各环节，各相关人员及时在数字化平台上协同，每个角色都及时参与，非常高效地处理出现的质量问题，因此，生产进度得以快速推进。

在问题填报环节，现场工人通过试制 App 进行质量描述，自动关联试制经理、设计工程师等人的工作。在车间在线确认环节，试制经理首先判断质量问题是否为设计问题。如果不是设计问题，试制经理即可提出处理意见；如果是设计问题，他就可以一键推送给设计工程师。设计工程师接到在线的问题消息，就可以在研发 App 上根据问题描述、问题图片等提出临时解决措施，并将临时措施尽早反馈给现场工人。现场工人按解决措施及时处理问题，再在试制 App 上将问题关闭，如图 4-14 所示。

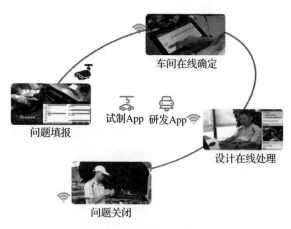

图 4-14　质量快速处理过程

例如，上面提到的发动机装配不上的问题，现场工人通过试制 App 对该问题的相关部位、零部件等进行拍照，完成问题填报，自动推送给试制经理和发动机的设计工程师。工程师在研发 App 中查看问题的原因，提出临时解决措施，在线协同其他可能的相关人员确定解决方案，然后在数字化平台上转发给现场工人。这样，这个问题就得到了及时处理和关闭。

5. 业务在线

一个数字化平台要能够让所有参与业务工作的人员在平台上开展各自的业务活动。参与试制生产的人员可以分为现场工人、仓库管理员、设计工程师、试制部长等四个角色。为使参与人员基于业务在线开展各自的工作，数字化平台包括 4 款移动应用 App，即试制 App、仓储 App、研发 App 和决策 App。

如图 4-15 所示，业务在线为所有参与者提供业务活动所需的及时信息。现场工人分布在焊装、涂装、总装、终检等车间现场的 60 多个工位，执行生产报工、物料呼叫、质量填报及关闭等任务。每个工位配置了一台 PAD，现场工人开展工位上的工作需要应用数字化平台时，用 PAD 来应用试制 App，使生产现场的业务活动保持在线。仓储管理员的上架、下架、配送等业务都需要移动执行，每个仓储管理员都配置有 PDA 以用于仓储 App，从而仓储业务也保持在线。设计工程师通常不会在试制工厂中，但整个试制过程都需要设计工程师的参与，包括接收物料提醒、处理质量问题、提出任务申请等设计相关的业务活动。为此，研发 App 使设计工程师在任何地点都可以通过手机保持在线。试制部长通过决策 App 随时查看所有生产情况，快速分析生产瓶

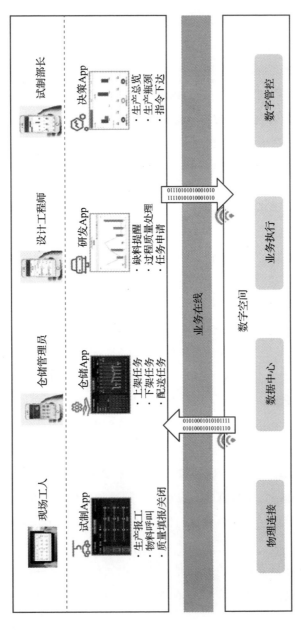

图 4-15 业务在线为所有参与者提供业务活动所需的及时信息

颈，下达指令并跟踪任务。

以前，试制部长为了掌握生产情况，每天早上都要在生产车间的现场召集大家开碰头会，讨论哪些问题没有完成，生产遇到什么瓶颈，谁做什么任务。碰头会结束后，大家按照会上的要求在车间的物理世界找人、沟通、完成任务。

推进数字化之后，试制部长的工作方式发生了根本性的改变。现在试制部长每天早上来到办公室后，首先打开手机通过决策 App 就可了解到整个试制工厂的情况。图 4-16 展示了试制部长处理一个延期任务的过程。首先试制部长在 App 上查看焊装、涂装、总装等车间的生产计划完成情况，发现总装有 4 个任务出现了异常。异常情况是需要特别关注的，他打开总装生产任务后发现 AXX 项目的 AXX-SXX 项目入库处于异常状态。对异常状态分析评估发现这是当前的生产瓶颈，试制部长直接给项目经理下达指令。下达的任务将在交办事项中列出，其状态会得到及时更新。该任务的相关人员，包括试制部长，任何时候都可以跟踪任何状态。

试制部长的所有工作活动都在线进行。其工作模式就由原来在现场的物理世界开展（例如，开会了解生产情况、解决生产瓶颈等工作），改变为在数字空间中完成。这就是业务模式的转变，业务模式从在传统的物理世界中开展到在数字空间中开展，就是数字化转型。

4.3.2　试制生产模式创新

试制生产从原来的物理世界开展向数字空间升迁，在数字化平台上开展（见图 4-17），是业务模式的创新。

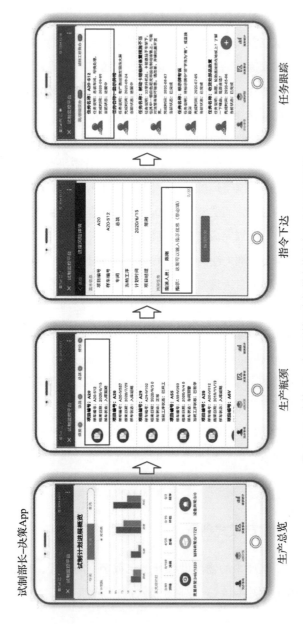

图 4-16 决策 App 为试制管理者提供在线信息和业务活动功能

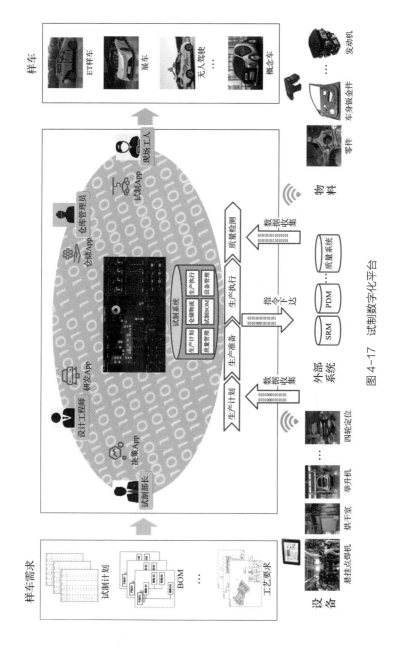

图4-17 试制数字化平台

试制生产的生产计划、生产准备、生产执行、质量检测等四个方面都有了转变。

生产计划从原来根据试制经理的经验来编辑 Excel 版计划，转变为通过车型项目使用设备情况进行自动排程；从原来谁的呼声高谁分派到的资源就多，转变为及时采集设备资源，推荐每周可生产的样车。

生产准备从原来根据供应商送货进行收货，转变为根据试制计划确定到货计划指导供应商送货；从只能通过仓库备料确定是否缺料，转变为利用 PAD 及时获取准确库存，支持物料缺料计算。

生产执行从原来基本都是纸质记录，转变为每个工位配置有 PAD，通过刷卡获取工人技能并自动推送生产任务；从原来的电话沟通定时配送，转变为现在线上呼叫按需配送。

质量检测从原来设计工程师到现场处理，转变为通过研发 App 让设计工程师远程在线处理质量问题；从原来停工查阅质量措施，转变为精准推送问题措施，让现场工人学习提升。

试制各阶段在数字化转型前后工作方式的变化对比见表 4-1。

表 4-1　试制各阶段在数字化转型前后工作方式变化对比

阶段	数字化前	数字化后
生产计划	凭经验安排，开会协调	计划自动排期，生产及时决策
	凭经验预判资源，用 Excel 编制计划；试制部长、试制经理开会讨论计划	采集设备资源使用情况，自动排程；生产瓶颈被及时推送给试制部长，便于其及时决策
生产准备	忙闲不一，信息滞后	物料指令下达，缺料自动预警
	送货收货忙闲不一，经常爆仓；备料人员去捡料时才能发现缺料	下达到货计划指导供货送货和收货；及时获取物料信息，缺料自动预警

（续）

阶段	数字化前	数字化后
生产执行	纸质分派，人工协调	任务一键下发，状态实时反馈
	打印纸质计划，各班组开会分派；电话沟通物料配送，缺件信息现场发现	任务一键下发60个工位，相关人员刷卡获取；一键呼料，缺件信息及时推送
质量检测	现场处理，实车检验	质量快速处理，样车数字档案
	等待设计工程师现场解决问题；现场工人查找纸质问题措施记录	问题自动推送，实时获取应对措施；应对措施被及时推送给现场工人学习

样车试制根据样车的需求，通过生产计划、生产准备、生产执行和质量检测，生产出各式样车。所有参与试制的人员都可以在数字空间里开展工作。

4.4 试制生产数字化成效

通过对生产现场数字化管理、物料供应数字化协同、质量快速处理等业务方面的数字化赋能，试制生产数字化在减少异常停工、提高设备利用率、提升产能等方面取得了显著成效。

试制生产数字化取得的明显成效不同于通过传统的信息化方式提升效率、解决瓶颈问题带来的成效。试制生产数字化是一种模式创新，是通过构建数字空间，让传统业务在数字化平台上运营的新模式，它对其他研发业务以及传统生产制造业务都有借鉴意义和示范效应。因此，该数字化试制工厂成功入选"2020中国标杆智能工厂"。

（1）异常停工减少50%

异常停工通常是由缺料停工或质量问题停工引起的。通过物料供应数字化协同实现关键件 100% 齐套,通过质量快速控制实现质量处理周期缩短 75%,从而将异常停工减少 50%。

在物料采购环节,对物料缺料提前两个月预警,整体到货准时率由原来的 50% 提升到 80%;在物料准备环节,入库效率提升 50%,出库效率提升 25%;物料配送环节实现了实时按需配送。

在质量问题停工方面,通过质量快速控制,实现质量处理周期缩短 75%。质量检查涉及 12 000 项检查,问题逃逸减少 90%。在措施共享方面,通过质量问题学习、知识地图等措施使重复问题减少 75%。

(2)设备利用率提升 30%

设备利用率主要是通过生产现场管理对提升任务、进度、产出等环节的管理提升。试制生产数字化实现设备利用率提升 30%。通过数字化运营实现现场任务及时调整,决策 App 实现异常决策由周例会转变为实时决策;生产及时性方面,通过仓储 App 实现备料周期由 7 天缩短至 1 天,生产现场形成生产准备资料实时下发管控方式。

(3)产能提升 30%

异常停工的减少及产能提升等带来的直接效益是产能的提升。试制生产数字化使试制产能提升 30%。

4.5 广汽研究院数字化发展路径

广汽研究院高度重视数字化转型工作,制定了面向业务战略的数字化发展路径。

广汽研究院数字化的发展路径分为三个阶段,即从"信息化研究院"到"数字化研究院",再到"智慧研究院",如图4-18所示。信息化研究院为研发业务和产品提供信息技术的支撑,提高研发效率。从信息化到数字化,实现数字化转型;从数字化到智能化,实现智能升级。

信息化研究院以信息化建设为重点,以"信息化、数字化、互联化、在线化"为目标,建设"全球研发办公一张桌";"数字化研究院"以"软件定义、平台运营、业务在线、数据智能"为核心数字化能力,推进产品数字化和业务数字化。在此基础上,结合大数据、人工智能技术以及知识工程的成果,建设智慧研究院,实现高度智慧化的产品研发和精益高效的研发管理。

第一阶段:信息化研究院

广汽研究院的信息系统和数字化工具在研发和管理活动中得到普及应用,信息化为研发工作和协同提供有力支撑。各种研发和管理活动的数据都能够通过信息系统沉淀下来,实现业务数据化。

信息化研究院以信息化建设为核心,以信息系统和数字化工具支撑所有业务为建设目标,以产品研发平台和研发管理平台为建设重点,以管理信息化、业务数字化、系统互联化、数据在线化为特征,实现以信息化提升"数字化协同开发、虚拟化技术应用、全过程数据管理"水平,进而大幅提升研发效率和产品创新能力。

图4-18 广汽研究院数字化发展路径

"数字化协同开发"实现跨专业、跨地域、跨组织的全球协同；"虚拟化技术应用"实现设计与仿真的协同，缩短开发周期，降低开发成本；"全过程数据管理"实现产品设计、竞品对标、仿真分析、试制试验等数据的统一管理。

通过建设覆盖全业务领域的信息系统、连接全球研发机构的网络、安全防护体系、云平台等，广汽研究院实现了支撑跨地域、跨组织、跨领域的高效协同研发。广汽研究院的信息化建设支持了研究院全球研发网的协同开发，因此又称为"全球研发办公一张桌"。

第二阶段：数字化研究院

数字化研究院建设是在信息化的基础上，以"软件定义、平台运营、业务在线、数据智能"数字化能力推进研究院的数字化工作，包括产品数字化和业务数字化，实现研发数字化转型。在产品数字化方面，以打造智能网联数字化产品为核心，建立软件定义汽车的数字化能力；在业务数字化方面，以打造数字化运营平台为重点，面向最终用户，建立平台运营的业务赋能能力。以试制工程数字化为参考，推进各种业务向数字空间升迁，实现业务的数字化转型。此外，建设云生态服务平台和大数据平台，以支撑车联网业务及数据赋能和智能应用。

第三阶段：智慧研究院

在信息化研究院和数字化研究院基础上建设智慧研究院。以建设完善的智能决策系统为重点，使AI成为研究院产品研发、技术创新和经营管理活动的主体，智慧研究院本身成为一个AI组织系统。

以"智慧开发、智慧管理"为目标，以数据、算法模型、知识为重点打造智慧研究院。在数字化基础上，结合大数据、物联网、人工智能等技术，实现数字洞察、智能决策，有效提升科学决策水平。企业的知识资产是智慧研究院的基础。将不断积累的知识真正变成组织智慧，而不是深度依赖个别明星员工。把知识碎片化，嵌入业务流程管理和风险预警管控中，未来结合自动化和智能化，实现智能研发。

例如，研究院将建立起丰富的知识库。基于丰富的知识及智能平台的甄别推送功能，如果研发人员设计的零部件产品不能满足规范或指标要求，智能平台将推送信息给设计者，指出可能存在的问题；或者如果一项设计可能导致发生过的质量问题重现，也可推送相关信息，以避免质量问题再次发生。在数字化时代，各种文章、短文、群帖等信息多如牛毛，研究院的每个人收到的信息都是一样的。对某个研发人员来说，有些文章对工作是有参考价值的，是有帮助的，但很难有时间从每天收到的大量信息中挑选出与自己工作密切相关的文章，智能平台可以对研发人员进行个性化文章推送，大大减少无关信息，提升可参考文献的推荐。

广汽研究院已基本建成信息化研究院，开始数字化研究院的建设。在数字化研究院的规划下，本章介绍的试制工程数字化的新模式正在推广应用到研究院的其他业务领域。

要在研究院的每个业务中推进数字化，实现数字化研究院，就要有更具通用性的数字化架构，而这将在下一章详细阐述。

第 5 章 | CHAPTER 5

数字化运营平台与业务模式创新

试制工程数字化展示了一个传统业务以数字化来开展的新模式。在新的模式下，业务工作的开展既需要业务流程在数字空间中完成，也需要物理世界的响应，通过数字空间和物理世界的融合，实现业务以数字化的方式开展。物理世界和数字空间融合互补，形成了一个数字化平台，一个为业务服务的数字化运营平台。

建立数字化平台来运营业务是由互联网公司率先创造的新一代商业模式，其巨大成功吸引了众多传统产业向平台模式转型升级。基于数字化运营平台开展工作，其核心是数字化，是业务在数字空间开展这一模式的创新。因此比起传统的工作方式，这一模式在流程贯通、协同效率、决策智能等方面具有巨大的优势，并且能带来明显的成效。

本章以数字化运营平台为主题，对其产生的背景、架构构成、数据驱动以及平台的运行进行深入浅出的阐述，并以此为基础阐述数字化运营平台催生的创新业务模式。

本章首先简要介绍数字化平台的兴起及演进，陈述只有数字化运营平台才能真正实现业务在数字空间的开展，并介绍数字化运营平台的构成及其运行；然后，介绍在数字化运营平台中，数据驱动业务的开展以及业务数据化、数据业务化的统一；最后，总结由数字化运营平台催生的模式创新。

5.1 数字化平台的兴起

1989年出现的万维网彻底改变了消费者的生活方式。互联网创新始于消费端，以电商为代表的互联网平台成为互联网创新的最大推动力。

消费互联网创新在扩大线上交易规模的同时,对传统线下零售业和消费市场起到了极大的提升作用。它通过"互联网+实体商业"的方式,实现了线上为线下引流、优化服务和管理流程、线下为线上提供配送等服务功能,推动了线上线下联动、融合互动发展的诸多创新,全面提升了线上和线下的交易效率,带动了餐饮、出行、住宿、娱乐、教育、金融等诸多消费行业的转型升级。

互联网和大数据的发展使互联网企业崛起,这类企业是天生的平台型企业(见图5-1)。

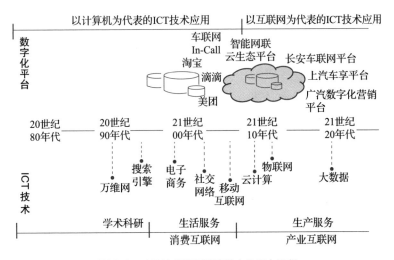

图5-1 ICT技术发展推动数字化平台兴起

1)电子商务型平台。电子商务型企业指由第三方提供的可供买卖双方进行交易的线上平台,典型企业有京东、淘宝、美团等。

2）社交平台型平台。腾讯等企业通过平台吸引用户进行社交，进而通过用户吸引广告商、第三方应用商等。

3）搜索引擎型平台。谷歌、百度等企业通过平台吸引用户进行搜索，再通过大规模用户吸引广告商、第三方应用商等。

互联网最先向企业采购和营销等外部环节渗透，正加快向企业服务和研发环节渗透，进一步向企业制造环节渗透，将最终打通工业生产的全生命周期，彻底改变现有生产模式。

互联网创新正迎来从消费互联网向产业互联网的转型。

消费互联网取得巨大成功，因为服务对象是人。当一个数字化平台为人提供服务时，人通过看、听、读、思考和分析，就能快速做出决策，与数字化平台进行交互，最终快速获得服务。例如，在美团上点外卖，人和平台的交互可以获得所要的信息并快速做出决定，得到服务。

而产业互联网要复杂得多。产业互联网服务的对象是机器，是汽车，是生产线，是各种设备。机器不能像人一样轻松理解来自数字化平台的信息。这就需要人工智能。什么是人工智能技术？人工智能技术就是让计算机系统或平台像人一样能看（如人脸识别、手势识别），能听（如语音识别），能读（如自然语言处理），能思考、分析和决策（如机器人下棋），能行走（能移动的机器人）。应用人工智能技术，产业互联网就能像消费互联网一样广泛应用，迅猛发展。

5.2　数字化集成平台

"数字化平台"的概念在信息化时代就已经存在,如数字化研发平台、数字化制造平台、数字化营销平台等,但这些数字化平台实际上是基于信息系统的集成平台,与数字化运营平台有着本质区别。本节首先介绍汽车企业在信息化时代建设的数字化平台,以比较其与数字化运营平台的区别,为本章系统介绍如何构建和应用数字化运营平台打下基础。

长安汽车数字化研发平台,又称为长安汽车全球多研发中心协同开发数字化平台,旨在为集全球资源开展"五国九地"协同研发提供可靠而有力的数字化和信息技术的支撑(见图5-2)。基于计算机辅助技术的数字化开发技术为数字化设计、仿真、制造提供了强大的工具,而快速发展的信息技术则为实现全球协同、研发数据管理、研发精益管理、车联网创新等提供了高效、强大的手段。打造长安全球数字化平台,以建设和优化覆盖长安全球各研发中心的 PDM 系统及为国内各研发中心提供强大仿真计算能力的高性能计算系统为核心,并以不断引入数字化开发前沿技术为重点,建设和集成对设计数据、对标数据、试验数据、仿真数据等研发数据进行全面有效管理的信息系统。该平台具有数字化、智能化、协同化、集成化、全球化等特点。该平台应用了面向集团型企业国际化多组织架构技术,打造了一个高效的、稳定的、全球化的协同设计基础平台,实现了基于唯一数据源的全球协同在线研发新模式。

然而,这些数字化平台是由一系列信息系统集成而成的,由于平台架构的局限,并不能构成数字空间,无法支持全流程在数字空间开展。由于不是基于数字化架构，面向的用户以企业内部用户为主，也谈不上数据对业务的驱动和数据智能，主要是为了消除信息孤岛和打通信息流而在系统间做的集成。尽管如此，由于当时还没有出现今天的数字化平台架构，该平台在当时的技术条件下处于行业领先水平，对长安汽车"五国九地"全球研发网的高效协同发挥了重要作用。

图 5-2　长安汽车全球"五国九地"研发网协同打造汽车产品

5.3　业务"数字化运营平台"

业务数字化转型的核心是业务流程全数字化运营。传统的信息系统也包括所有的流程步骤，但流程之间的数据流是断裂的。连接断裂的数据流是通过人工在物理世界开展工作来完成的。所以业务在物理世界开展，以信息系统为支撑。

只有在新一代信息技术，特别是移动互联网和云计算技术出现之后，才能构建业务"数字化运营平台"。业务"数字化运营平台"将业务从物理世界升迁到数字空间，为业务运营提供平台支持。

利用数字化技术将物理世界完全重构、建模到数字空间，人们的大部分协作、沟通、设计、生产都可以通过数字化技术在数字空间里实现。

5.3.1 业务"数字化运营平台"的构成和运用

试制工程数字化构建的平台有数字空间、物理世界、交互层三个层次，实现了"业务在线、数字管控、业务执行、数据管理和分析、物理连接"五个平台功能，从而实现业务全流程在数字空间中的开展。笔者将这一类平台叫作业务"数字化运营平台"，也称"数字化运营平台"。

传统业务都可以从物理世界升迁到数字空间去开展，都可以构建业务"数字化运营平台"。

1. "数字化运营平台"的构成

数字化转型是一个业务在物理世界里开展向业务在数字空间开展的转型。在数字空间里开展工作和物理世界进行有机的结合，通过物理世界响应数字空间就构成了业务"数字化运营平台"。业务"数字化运营平台"是面向业务的，参与业务活动的所有人员都应该在平台上开展业务活动。业务"数字化运营平台"可以简单地分为三层，即数字空间、物理世界和交互层，如图5-3所示。

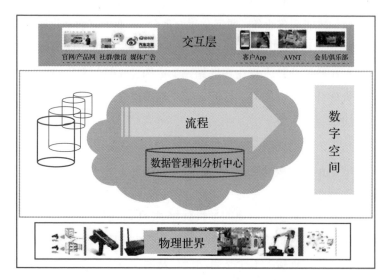

图5-3 业务"数字化运营平台"示意图

（1）数字空间

我们先看数字空间层，这一层是业务"数字化运营平台"的核心。

首先，数字空间有一个业务应用系统。为使业务的所有参与者都能在数字空间里开展工作，数字空间要能够支撑业务的全部流程。

业务应用系统也是一个集成中心。业务的开展依赖于外部参与业务活动的系统，所有系统都需要集成。

其次，数字空间有一个数据管理和分析中心。数字空间还需要管理和分析数据，因此，数字空间需要一个数据中心来集成内外部信息系统，存储整个业务流程的数据。在数字空间中，业务需要融入数据和模型的价值，实现应用系统的数据智能化。前面介绍的试制工程数字化的数字空间就包含数据管理与分析中心。数字空间的分析是智能化技术的基础。通过数字空间的计算和决策分析，指导并优化物理世界运行。

最后，数字空间还有平台基础设施及信息安全体系。基础设施提供数据的存储、计算能力，由大数据平台和云计算平台构成。此外，业务"数字化运营平台"需要建立信息安全技术保障网络环境、数据采集、系统集成等方面的可用性、完整性、保密性检测与管理。

（2）物理世界

物理层主要由传感器、网络和其他硬件基础设施构成，负责数据的采集、传输和生产执行。例如，物理层可以包括智能工厂中的 RFID、手持终端、终端设备、AGV、RGV、数控设备、机器人、传感器等。

（3）交互层

业务活动的所有参与者通过交互层的触点与数字化平台交互来开展工作。为使业务活动参与者可以随时随地开展工作，通常平台会提供移动应用。传统的应用系统信息的入口和应用界面也是交互层的触点。

数字化平台的前端是移动应用。企业移动平台实现全价值链移动化：后端连接各业务系统和各经营管理业务系统，前端连接内外部用户，实现前端在线化、后端数据化，提供集中、统一、便捷、实时的信息。

（4）连接和数据

连接是实现数字空间和物理世界深度融合的首要条件。数字空间与物理世界的连接要实现业务中的人与人、物与物和人与物的全连接。数字空间与交互层要把业务的内部参与人员、客户、合作伙伴、供应商连在一起。

业务活动的开展产生数据，数据保留在业务系统中，是业务的数据化。

传统的工作方式是，业务参与者在线下通过会议讨论、邮件或电话沟通等方式开展业务，这些协同过程中的各种数据没有在平台中保留下来。而业务"数字化运营平台"将所有活动参与者的互动保留了下来，对业务的提升有非常重要的价值。

业务"数字化运营平台"基于大数据和人工智能来开展业务运营。

随着ICT技术的不断发展，万物互联、万物感知、万物智能成为可能。物理世界和数字化的融合构成信息物理系统（CPS），并产生全新的业务模式。从架构上来看，CPS主要分为三个层次：

1）物理层，主要由传感器、网络和其他硬件基础设施构成，负责数据的采集、传输和生产执行；

2）平台层，提供数据的存储、计算能力，由大数据平台和云计算平台构成；

3）数字层，由数据汇聚而成，构成数字资产，为产业底层的物理层通过数字化技术到虚拟空间的一个映射，可以在数字端虚拟整个产业的生产过程。

三个层次与传统行业结合，实现了数据在行业内部的流动，构成完整的CPS。CPS的意义在于将物理设备连接到互联网上，使其具有计算、通信、精确控制、远程协调和自治五大功能。

从某种意义上说,业务"数字化运营平台"是 CPS 理念的一种实现形式。

多年来,广州明珞装备公司坚持数字化创新,将机器人自动化生产线与设备资产运行数据应用于产线诊断、改造、运维等业务,为产业链提供高价值的制造数据产品及服务。数字化创新产生了显著成效。2021 年年初,广东省 CPS 离散制造数字化创新中心落户明珞。可以期待,基于 CPS 理念,行业将涌现越来越多的创新性成果。

2. 数字化运营平台的运行

业务"数字化运营平台"具有以下特征:

❑ 业务在数字空间中运行;

❑ 物理世界元素响应数字空间指令,即线上线下融合;

❑ 业务在线,移动应用实现所有业务活动交互。

业务"数字化运营平台"具有数字化平台的连接能力。在平台上人和人的连接,就可以实现以通信和社交为核心的沟通交流;人和物的连接,就可以实现人对物理世界的洞察和调度;连接人和服务,就可以实现在各种场景下为人提供集成的生态服务。

业务"数字化运营平台"基于云计算提供海量计算和存储能力,以数据为核心提供大数据、人工智能功能。

一个全面数字化的运营平台可以实现客户在线、业务在线、沟通在线、流程在线、员工在线、设备在线、信息在线和管理在线,让线下与线上全面融合。数字化运营平台也把实时决策融入业务流程,实现自动化,使运营更加快捷、高效、智能。

5.3.2　业务"数字化运营平台"应用案例

为满足用户日益增长的个性化需求，汽车企业通过建设数字化运营平台实现个性化定制成为制造模式创新的趋势。个性化定制是近年来汽车企业致力于打造的业务"数字化运营平台"。长城汽车、长安汽车、上汽大通、一汽大众、广汽埃安新能源汽车等汽车企业先后建设了个性化定制的平台。基于业务"数字化运营平台"的个性化定制是典型意义上的从"以产品为中心"向"以用户为中心"的转变。

早在2016年4月，CS15个性化定制已在长安商城开单运营，首期推出6个定制服务包，组合方式超过1万种。长安汽车的定制是从设计生产的源头开始的，从下单到提车只需要一个月。

长安汽车个性化定制业务"数字化运营平台"分为三层：物理世界层、数字空间层、交互层。各层的组成为物理世界中的部分、内外部信息系统、数字空间中的部分和所有业务活动参与者，以及支撑业务"数字化运营平台"的基础层，如图5-4所示。

数字空间的业务由长安商城平台构成。外部系统包括ERP、MES、BOM、TMS、DMS、DCS，这些系统分别负责生产计划、生产制造、配置管理、物流发运和提车。

客户在长安汽车的个性化定制平台购车，只需要经历三个简单的步骤：客户进行个性化定制，长安按订单生产，长安提供物流和交付。

（1）客户进行个性化定制

客户打开长安商城，在众多车型中选择了一款车型，如长安

UNI-T（见图5-5）。该车型有8种外饰、上万种配置组合供客户选择。基于商城360°视图效果，客户定制了一款紫色UNI-T。最终，客户选择了紫色轮毂、车身拉花以及商城智能推荐的音响和座椅加热。商城通过后台计算通知客户多少天后可以提车。客户在商城选择装备的同时，商城后台不断进行大数据计算，根据技术调研、客户偏好和装备利润的计算结果，向客户自动推荐适合的装备。

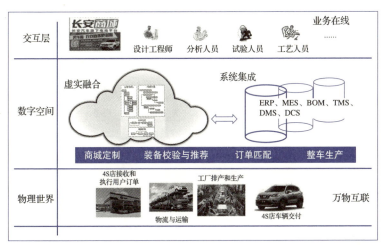

图5-4 汽车企业个性化定制业务"数字化运营平台"构成

（2）长安按订单生产

在进入生产环节之前，客户可以随时对车辆进行加装。为了让客户尽快提到心仪的车辆，车企充分利用管线订单资源，匹配管线订单中时间最靠前、配置相似程度最高的订单，并基于客户的定制需求进行更改。在订单匹配过程中，后台系统借助强大的计算能力，只需几秒钟即可锁定合适的订单。同时，执行供应链资源核查，确保所需零件能够及时供货，系统后台完成订单匹配。资源核查后订单进入生产环节，客户定制的爱车经过冲压、焊装、涂装、总装四大工艺进行生产，整个生产过程由后台系统全程实时监控，以保证客户车辆按时生产完成。

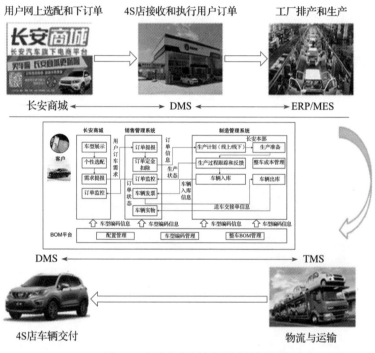

图 5-5　长安汽车个性化定制主流程

（3）长安提供物流和交付

长安在智慧物流领域利用大数据技术，深度结合移库比例、运输均衡等因素，计算出最快速、最经济的运输方式和运输路线。运输过程中，车辆位置信息实时上传到云端，客户可以随时了解爱车的最新动态。几周之后，车辆运输到店，客户收到一条由长安商城发来的提车短信，满心欢喜地来到4S店，经过服务人员的耐心介绍与交接，非常满意地开走了他私人定制的爱车。

该平台支撑业务全部流程、物理世界元素响应数字空间指令、平台参与者协同，物理世界的业务升迁到数字空间来开展。这就是通常讲的O2O线上线下一体化服务。在数字空间里，业务的开展实现平台协同、业务数字运营、物理元素实时响应、数据在线智能服务。

5.4　数据驱动的企业统一数字化运营平台

前面讨论的数字化运营平台是针对某一特定业务的。制造企业的全面数字化就是要围绕人、财、物、产、供、销，构建数字化运营平台，实现数字化运营。华为建立了统一数据的统一数字化运营平台，成为行业的标杆。全面数字化企业应该借鉴行业先进实践，建设统一的数字化运营平台。

5.4.1　典型案例

华为的数字化战略目标是要实现企业的人与人、物与物和人与物的全连接，基于统一数据、统一平台开展数字化运营，并把实时决策融入业务流程，实现自动化、智能化，使运营更加简单、高效。

华为于2016年正式启动集团的数字化转型战略，将数字化转型定义为整个集团最重要的战略变革。华为推进数字化转型面临非常大的挑战。首先是服务对象非常复杂，包括供应商、渠道合作伙伴、企业用户、消费者、员工等五类用户。在这种情况下，如何及时响应用户的需求是一大挑战。而华为推行全球化，其业务延伸到全球170多个国家和地区，如何支撑全球十几万员工的协同作战，是另一个大挑战。

为此，华为建设了统一的数字化运营平台，其核心是平台对内支撑业务的数字化运营，对外支撑数字化服务。如图5-6所示，数字化运营包括数字化研发、数字化营销、数字化供应链管理等业务；数字化服务包括在线营销、在线交易、在线支付、在线物流等。其基础设施包括云化、服务化的IT平台和统一的数据底座。

华为数字化平台是以用户为中心的数字化使能平台。平台基于以用户为中心和极致体验理念，重构端到端集成的业务流程，构筑业务流程竞争力；基于全面服务化、云计算等技术，重构IT基础设施架构，构建物联网，提升市场、研发、制造协同性和柔性，灵活响应快速变化的业务需求；基于业务流程与数字化紧密结合的理念和企业管控要求，构建新IT治理体系。

数字化转型对于内部来讲主要是提升运营效率，对外是提升用户体验。华为IT对外首先定义了要服务的对象，围绕5类用户（用户、消费者、合作伙伴、供应商、员工）提升用户满意度。对内，面向创造价值的主业务流，通过数字化提升运营效率。

应该深刻认识到华为的数字化平台与传统信息化建设本质上的不同。传统企业信息化都是基于企业局域网、面向企业内部的，系统的用户就是企业员工。而华为建设的统一数字化平台则面向内部、外部所有五类用户，覆盖整个产业链、生态链，

第5章 数字化运营平台与业务模式创新

图5-6 数字化华为:面向五类用户,平台对内提升效率,对外提升体验

资料来源:华为公开演讲

直达用户。这样的平台才能为企业实现整个价值链的全面数字化运营。

5.4.2 汽车企业统一数字化运营平台

全面数字化企业平台面向内部员工、用户、合作伙伴,实现所有人共享信息、数据、平台。

如图 5-7 所示,汽车企业需要建设统一的数字化平台,以数据为核心,对下承接业务需求,对上满足管理要求。企业数字化生态的构建,需要引入物联网、移动互联网、大数据、云计算等新一代信息技术,打造数字化运营平台。同时,在业务运营上,通过管理、业务和技术的全面融合,提升业务洞察、市场联系与响应、智能化生产制造等能力,利用数字化重构打造以汽车企业为核心的生态圈。

全面数字化企业通过统一数据、统一平台,实现数字主线的贯通。数字主线覆盖产品全生命周期与全价值链,构建数物融合,贯通产品研发、制造、营销、运营和服务等各环节的数字化数据流,为企业各个层面提供实时的数据分析和决策支持。

统一数字化平台是基于云计算技术和微服务架构,利用云端便利的开发环境、快速部署方式,为响应用户需要,不断提供新的场景式应用服务,实现万物互联、业务在线、数据智能。统一数字化平台可为业务和管理带来明显效益。

(1)及时响应市场需求

互联网化高度敏捷的技术架构,实现应用开发的轻量级转型。数字化平台 IT 架构,随时响应最新需求。

第5章 数字化运营平台与业务模式创新

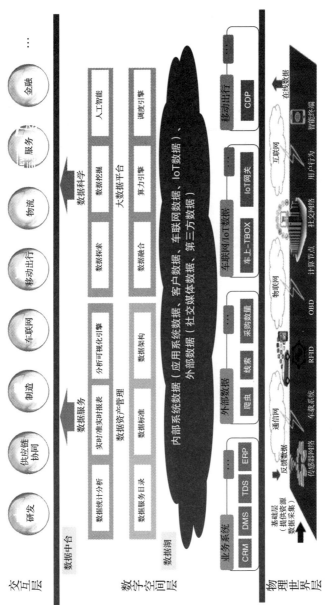

图5-7 汽车企业统一数字化运营平台架构图

（2）实时洞察业务变化

大规模实时数据接入处理、分析，洞察业务变化，例如车联网数据的实时接入和分析，实时跟踪市场环境变化，及时预警潜在问题。

（3）全面提升决策水平

全领域数据融合分析，支持多来源、多形态数据的采集和存储，支持存储、计算能力横向扩展，支持多种算法运行框架，支持每日上万个数据处理任务运行。

（4）充分支持模式创新

开放型架构，支持跨领域合作共赢。快速建立合作伙伴间的数据链路，支持多形态合作创新。

5.4.3　数据驱动数字化运营平台的业务开展

信息化通过建设信息系统，实现业务的可视、可管、可控，是业务数据化；数字化通过建设运营平台，实现数据价值并驱动业务转型，是数据业务化。业务数据化是基础，数据业务化是价值创造。在数字空间中，对数据的智能应用就可以实现数据驱动业务，即业务围绕数据形成闭环协同。

1. 数据驱动业务开展

由于所有业务在数字空间开展，所有业务活动的参与者在数字空间中协同，业务的开展就会产生数据，数据经过加工和分析后就可以形成数据资产。这就是业务数据化。

数字化运营平台之所以能使业务在数字空间中"运营"，关键在于该平台能够全面融合所有数据，包括外部数据和内部数据。也就是说，为实现数据驱动业务的开展，需要对数据进行集成开发和应用。图 5-8 是数据集成开发平台的示意图。数据经过采集、整合、存储，并经过数据治理，形成企业数据资产中心。应用人工智能、大数据分析深度挖掘数据价值，通常是以可视化展现或数据服务的方式为业务开展提供全量、实时的数字洞察和智慧决策。

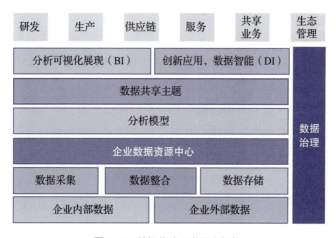

图 5-8　数据集成开发平台框架

数字化运营平台的数据管理与分析应用在技术上需要满足对结构化、非结构化数据的采集、存储、处理等需求，在分析和应用上实现 CEO 大屏、数据门户、移动应用、数据查询、专业数据分析工具等。

以前企业业务数据的主要应用是数据可视化，是报表，即通过 BI 实现数据挖掘及展现。数据可视化是让人看的，人基于数据对业务进行分析和决策。BI 展现为人机接口。而数据方面的一个创新应用是数据智能（DI），即数据驱动业务的开展可以实现系统对系统的直接交互，也就是说，不仅能够将数据分析出来的结果以报表可视化的形式让人看，而且可以把相关的 API、数据服务直接嵌入交易系统里产生影响，变成更好的业务提升和优化策略、智能推荐引擎、风险管控机制。关于数据的创新应用和数据智能的内容将在 6.3.2 节中介绍。

2. 业务应用系统和数据分析系统

传统的信息化建设重系统，轻数据。系统支撑业务流程、功能等，称为业务应用系统。数据分析工作一般也是在该业务应用系统中完成，但通常是有什么数据，做什么分析。由于一个业务应用系统中的数据有限，对数据分析的价值也有限。为此，需要建设单独的数据分析系统。业务应用系统是把业务数据化，而数据分析系统实际上是把数据业务化。

在信息化时代，业务应用系统和数据分析系统是相互独立的两个系统。这两个系统最早在银行业应用，前者叫作 OLTP（在线交易系统），后者叫作 OLAP（在线数据分析系统）。虽然都是在线，但业务和数据的关系却不是实时的，利用数据提升和优化业务是通过业务人员或分析人员完成的。先要通过业务应用系统产生数据，再把多个业务应用系统的数据整合在一起，然后进行 ETL（抽取、转换、加载）处理，抽取到数据分析系统里，在数据分析系统里进行数据挖掘，最后形成数据可视化报表交给业务部门，业务人员洞察到需要改进的地方，再去优化业务，改进业务系统。

随着云技术、大数据、微服务架构的出现，业务应用系统和数据分析系统就可以融合在一个平台中,数据就可以实时、智能地应用和服务于业务的开展。

如图 5-9 所示,业务数字化运营平台中融合了业务应用系统和数据分析系统。业务的开展产生业务活动的数据,沉淀到后台。在后台,通过大数据技术对数据进行采集、存储、处理。一方面,数据分析的结果可以报送给业务人员;另一方面,由于数据的分析是实时的,通过人工智能技术以及对业务的画像,数据可以实时、直接地应用于业务流程,驱动业务智能化开展。

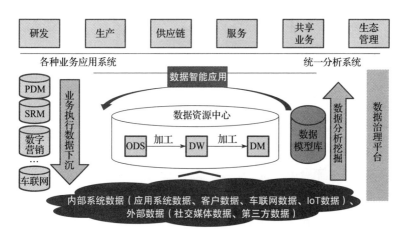

图 5-9 业务数字化运营平台中的业务应用系统和数据分析系统

信息化支撑业务,数字化驱动业务。业务的信息化主要对业务流程和功能负责,数字化强调数据共享、服务,进而实现数据集成和共享,通过构建一体化的业务经营平台和共享服务平台,完成从业务到数据再到业务提升的闭环,实现数据驱动的业务运营。

数据驱动的数字化转型就是利用信息技术，特别是新一代信息技术，构建数据的采集、传输、存储、处理和反馈的闭环，汇聚和融合企业内部和外部在不同业务、不同层级的数据，构建新的数字化运营体系，极大提升企业整体的竞争力。

5.5 数字化运营平台带来业务模式创新

本章前面介绍了传统意义上的数字化平台和数字化运营平台的本质区别。对业务构建数字化平台，使业务从物理世界开展升迁到数字空间里开展，就是模式的创新。从消费互联网到工业互联网，已经有很多应用案例，虽然这些案例不叫"数字化运营平台"，但其共同的本质都是从传统的物理世界向数字空间升迁，从而实现业务模式由数字运行、物理元素响应，因此是"数字化运营平台"模式。

业务数字化运营平台有效结合业务、运营、技术三种手段，实现业务在平台中协同、流程在平台中贯通、信息在平台中共享、知识在平台中传承、资源在平台中利用、数据在平台中产生价值，从而实现用户在线、业务在线、沟通在线、流程在线、员工在线、设备在线、信息在线和管理在线，让线下与线上全面融合。

基于业务数字化运营平台开展业务，给企业带来全方位的模式创新。如图 5-10 所示，企业在研发模式、制造模式、营销模式、服务模式上都将发生改变，并带动商业模式、运营模式、组织模式、决策模式的改变。

例如，营销以数字化营销方式开展，由先生产再销售的模式变成先销售再生产的模式。利用数字化社交平台及创新的产品展

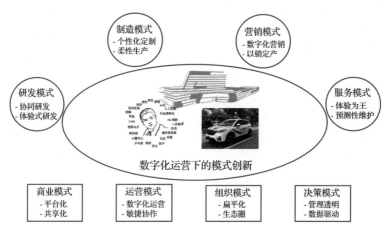

图 5-10　业务数字化运营平台带来模式创新

示手段，增加用户触点的同时重新布局，构建符合车企的直销、租赁、配置等多种新渠道的运营模式。在制造方面，制造模式实现柔性制造，个性化定制。标准化的生产变成个性化生产的模式。定制化的订单配置和透明的生产流程是汽车企业在传统制造模式上的重要升级；企业生产方式的现代化、智能化让企业可以有效加快生产速度，满足用户定制化产品的需求，实现以销定产的拉动生产方式。在研发方面，业务数字化运营平台将产品开发者和用户紧密连接，用户的行为和体验被实时或快速反馈到开发者那里，开发者将根据用户需求推进产品快速迭代，从而在用户的参与下不断优化产品质量，持续提升用户体验。

数字化运营将驱动组织管理进入数据化、透明化、轻中心化的模式。当一切在线后，必然产生大量的数据，人工智能及云计算平台将有效处理这些数据，这将改变企业组织管理的模式，为企业创造更大的效益，同时提升组织的效率。

第 6 章 | CHAPTER 6

数字化运营平台架构与数据智能

业务的开展从传统方式向数字化方式的转变依赖于数字化运营平台。数字化运营平台的构建、工作原理及催生的模式创新在第 5 章已经做了详细介绍。

从信息技术应用的角度来看，传统的信息化架构不同于数字化平台架构。信息化架构由于固有的局限性无法满足业务实现数字化转型的需要。本章专门阐述数字化运营平台架构，以及只有在该平台架构下才能实现的数据智能。

本章将从传统信息化架构对业务发展的局限和数字化转型需要的数字化架构出发，详细阐述数字化平台架构的前台、中台、后台及其特征和作用，并专门介绍数据智能应用的关键技术——数据中台，最后举例说明如何通过数据的智能应用为业务赋能，也为后面章节中汽车企业数字化转型如何在技术上实现"千人千面""千车千面"提供参考。

6.1 从信息化架构到数字化架构

传统信息化主要是面向业务、面向功能的，信息系统以应用于业务领域或管理领域为目标来建设。虽然过去企业也认为数据很重要，但在信息化建设中，数据的管理和应用不是重点，对数据的分析主要关注单一业务应用的数据，仅仅分析来自本业务应用的数据。数据分析工作通常由面向应用的业务人员自己完成。

数字化则是以数据为核心开展的赋能业务、模式创新等工作。以数据治理为前提，以贯通所有内外部数据为基础，企业通过建设统一的数据管理和分析平台，以统一的数据管控机制，开展大数据分析和数据的智能应用。数据的价值得到充分发挥。数据管理和应用工作也将由专业的数据分析团队来完成。

因此，数字化不是要像信息化那样继续开发新的应用系统，而是要构建面向数字化转型的数字化运营平台。第 5 章已经详细阐述了数字化运营平台应该面向所有的用户，既面向内部用户，又面向外部用户。此外，互联网应用支持场景应用且直达用户，需要随时响应用户需求、技术、市场的变化，通常几个月甚至一个月就需要更新一次，更快的更新则以周为单位（例如，基于安卓系统开发的小米 MIUI 操作系统每周更新一次）。因此，数字化运营平台必须在新的数字化架构下建设。

图 6-1 对传统信息化架构和数字化架构做了对比。两者的主要区别在于传统信息系统建设是竖井式的，而数字化运营平台是按照水平层级式建设的。传统信息化架构主要是单体架构的 C/S 应用和垂直架构的 B/S 应用，数字化架构则主要是基于微服务架构的分布式微服务。

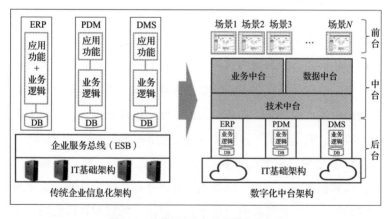

图 6-1　传统信息化架构与数字化架构

信息系统按功能模块开发，导致竖井式构建，应用功能、业务逻辑及数据紧密耦合，在管理上各信息系统独立运营，信息系统中的数据各自分散管理。

在数字化架构下，数字化运营平台的应用是按业务场景开发的，面向各种用户的服务。底层的云资源服务层提供强大的共享资源服务，后台是数据底座，包括应用信息系统、数据湖。中台提供数据接入、大数据分析、人工智能算法以及数据服务等功能。前台则为响应业务快速变化提供敏捷服务，通过数据为业务提供更加智能的决策和分析。

6.1.1 传统 IT 架构及其局限

从信息技术的发展历程来看，信息系统或平台经历了三个阶段：单体信息系统阶段、基于 SOA 的集成平台阶段、基于微服务的数字化架构平台阶段。

1. 单体信息系统 IT 架构及局限

信息系统过去主要是单一应用 C/S（客户端/服务器）架构。该架构由前端和后端两级结构形成，虽然使用简便，但安装、运维比较复杂，专业性要求也高。随着 B/S（浏览器/服务器）架构的出现，企业快速开发了很多 B/S 架构的信息系统。

单体信息系统由界面、流程功能、数据管理、基础设施硬件资源等组成。常见的单体信息系统有人力资源管理系统、财务管理系统、试验管理系统、产品开发项目管理系统等，这些信息系统对企业的效率提升和管理提升发挥了重要作用。

由于信息系统是为满足某一特定业务而建设的,各业务有了自己的信息系统的同时,也形成了烟囱式的信息孤岛。在这种建设模式下,信息系统的架构导致企业级业务存在以下三个主要问题:企业级业务流程是孤立的,价值链的数据是割裂的,企业信息化基础设施的资源是被每个信息系统独占的,如图6-2所示。

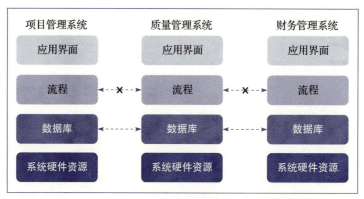

存在的问题:1)孤立的流程;2)割裂的数据;3)独占的资源

图6-2 传统IT架构及其局限

(1)企业级业务流程是孤立的

在信息系统建设时,系统中的流程只需要考虑其在该系统业务中覆盖的范围。对大型汽车企业来说,汽车研发、生产制造、营销通常由各自独立的单位或部门负责(研究院负责研发,工厂负责制造,销售公司负责营销),每个单位或部门都会建设支持各自业务流程的信息系统,导致不同信息系统中的流程是孤立的。

以新车型开发的项目管理为例。研发项目管理系统只需要考虑研发过程的项目管理流程,生产制造项目管理系统只需要考虑制造过程的项目管理流程，营销项目管理系统只需要考虑营销过程的项目管理流程。因此，研发项目管理独立于生产制造项目管理，生产制造项目管理独立于营销项目管理，导致从研发到生产制造、营销的环节业务不能及时响应，影响项目的快速推进。

（2）企业价值链的数据是割裂的

传统信息化架构下信息系统的系统功能和业务流程将数据屏蔽了，许多信息系统的数据是不能独立访问的。数据被割裂在不同的信息系统之中，导致企业内各业务环节之间的数据流不连续，影响业务的开展。

（3）企业信息化基础设施的资源是被每个信息系统独占的

每一个应用系统都需要配备专门的基础设施资源，如服务器、计算、存储等资源按业务峰值预留。这种方式配置资源使企业的同一个数据中心中的资源不能共享。按业务峰值预留资源不仅导致资源利用率很低（传统数据中心的资源利用率通常不到30%），而且在业务扩展时，峰值的提升也要求资源配置相应提高，使得系统运维非常困难。

2. 基于 SOA 的集成平台的架构及局限

随着业务的不断发展，企业需要进行业务融合，需要进行数据打通，这样就出现了 SOA 用以解决企业应用、业务协调和数据共享的问题。很多企业实施了 ESB，面向服务重用、流程重构，以达到业务的灵活性，取得了一定的成效。

然而，不管是单体架构还是 SOA 的信息系统，都不能解决数据实时应用等问题。还是以新车型开发的项目管理为例。项目的信息在研发、制造和营销的信息系统中各自管理，不仅存在数据流断点,而且数据标准不统一,导致数据共享困难。在这种局限性的约束下,信息系统中的数据只能以事后报表统计为主要决策依据,以周例会为主要方式,从而影响问题及时解决,项目进度不能及时推进。随着业务系统越来越多,其局限性就愈加明显。

随着互联网的发展,基于微服务架构的云化服务开始出现,很多企业的应用发生了变化,云化服务在工业互联网或产业互联网领域以及面向消费者的企业应用等方面发挥了作用。这个时候,企业中并没有出现真正的微服务中台化的架构,但一些大型互联网公司已经实现了企业应用的云化。

这一新的数字化架构突破了传统信息化架构的局限,为数字化转型提供了可行的技术方案。

6.1.2 数字化转型对平台架构的要求

要实现业务的数字化运营,就需要所有参与业务的人员都能够在数字化运营平台上开展各自的工作。因此,数字化运营平台既要面向内部员工,又要面向外部用户,包括上下游供应商、合作伙伴等。数字化建设的重点由面向内部的管理系统发展为面向市场的数字化运营平台。

面向用户服务的数字化运营平台具有实时协同、快速响应的服务能力。互联网成为企业数字化运营的入口,所有用户需要的服务(如提交订单)通过数字化运营平台和企业的内部管理系统(如ERP、CRM、SRM、LES等系统)无缝连接。企业内部与外部实现安全连通,形成业务生态圈。这正是企业需要引入的云架构及平台化思想。

数字化运营平台架构的主要特征如下。

- ❑ 面向内部用户和外部用户,从竖井式的系统架构向数字化平台云架构转变。
- ❑ 建立前端直达用户、后端稳定的数字化架构体系。前台应用敏捷化、共享化,后台技术平台标准化、数据化。
- ❑ 建设统一的数字化运营平台,提供可重用的平台服务。采用厚平台、微服务架构设计理念,独立的业务应用需进行整合、重构,形成数字化中台能力。

6.2 数字化运营平台架构

数字化架构是应对急剧增长的数据的管理和应用挑战,实现应用直达用户的关键技术方案,是以实现前台的在线化,后台的数据化、数据服务化,构建数字化运营平台为目标,基于微服务组件化的新架构。如图6-3所示,数字化运营平台是层级结构,由基础层、数据层、微服务层和应用层组成。

1)基础层为数字化平台提供基础设施,包括存储资源、计算资源、网络和信息安全等设施。这些基础设施通过云平台进行管理,实现资源按需配置和动态扩展,灵活支撑各类应用。企业常会建设私有云并连接公有云以形成混合云,为数字化转型提供海量资源。

2)在数据层,通过建设数据湖,沉淀业务数据,构建数据智能,发挥企业数据价值。

3)平台采用微服务架构,参考互联网先进架构,构建微服

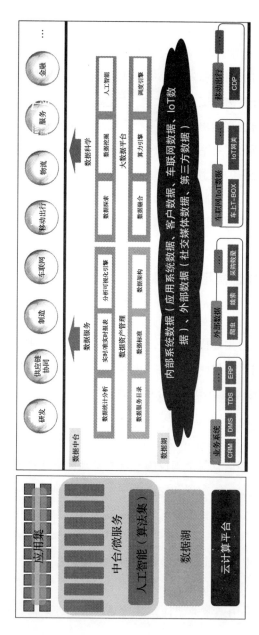

图6-3 数字化运营平台层级结构

务能力中台。中台把企业 IT 系统中分散的各个功能变成标准服务，并实现服务的编排和灵活组合，以适应业务的快速发展。

4）平台的应用面向业务，形成敏捷、高效的应用开发模式，实现按场景开发，以快速响应不断变化的应用。

通过这样的层级结构可实现平台化运营，分层开放，提供统一数据接入能力、统一的数据整合能力、统一的服务能力、统一的数据应用能力。

以上是从平台的构成来看数字化运营平台架构。从平台的服务来看，数字化架构可以看成是由前台、中台、后台构成。

（1）前台

前台面向用户，是最终用户直接使用或交互的界面，如用户使用的网站、手机 App、微信公众号、小程序。每个前台界面对用户来说就是一个触点。

作为企业与用户的交点，前台可以使企业价值链各环节与用户连接。通过前台，用户可以参与产品研发，可以定义个性化产品来驱动生产制造，可以参与营销活动的互动和获取个性化服务，等等。企业要"以用户为中心"，尽可能通过不同的触点触及用户，挖掘用户在全生命周期中的价值，从而为用户提供其真正所需的产品及服务。

数字化架构的前端可以针对不同的终端，包括移动终端、平板电脑、智能终端等。前台的开发是按业务场景快速定制的，服务于随需应变的业务应用。

（2）中台

中台是前台与后台的桥梁，提供比前台更强的稳定性，比后台更高的灵活性。中台具有松耦合、可扩展的数据服务能力，避免了传统的应用与数据、算法绑定的局限性，从而实现更敏捷的开放共享。最常用的中台有业务中台、数据中台、技术中台等。数据中台应用 AI 技术，深度激活数据价值，为业务提供智能的决策支持，通过数据实现业务智能。

（3）后台

后台管理企业的核心资源、基础设施及云计算平台。

核心资源包括财务系统、产品系统、用户管理系统、仓库物流管理系统等，以及完整、全面的数据资源，为业务运行、数据价值挖掘提供基础保障。

基础设施是数字化平台部署的云资源，主要有公有云、私有云、混合云等形式，以提供灵活的基础设施资源，随时满足业务弹性扩张需求。

云计算平台能够提供海量数据处理能力，数据湖能够提供全量数据汇聚融合的技术保障。

平台的服务是本章的重点，下面将从基础设施、平台架构以及平台架构的应用案例三个方面详细介绍。

6.2.1　平台架构的基础设施

数字化带来了数据量几倍、几十倍甚至几百倍的急剧增长。业务的数字化、产品的智能化、车联网、电商、数字化营销等新型业务和模式对数据处理能力提出了海量级的要求，企业传统的数据中心从规模和架构上都已经无法满足。

企业正在逐步用云计算中心代替传统的数据中心，实现 IT

基础设施的云化。云计算的服务模式包括 IaaS（基础设施即服务）、PaaS（平台即服务）和 SaaS（软件即服务）。

IaaS 层提供了基础设施服务。过去企业获得计算能力和存储空间等 IT 资源的唯一手段就是自购硬件并维护。IaaS 层云计算服务通过提供云端的计算能力、存储空间来降低企业对 IT 硬件的需求，使企业能够按需使用和付费，避免过度的硬件投资。

SaaS 层提供了软件使用的新模式，过去的企业软件需要部署在内部服务器上，因此在购买软件后还需要部署团队入场实现本地部署，耗财耗时。SaaS 的软件采取订阅模式，直接将软件以云服务的方式提供给用户。

PaaS 层是 IaaS 层和 SaaS 层的中间层，提供将软件部署于云端所需的操作系统、数据库和运行库等，降低了 SaaS 开发的难度和成本。

从传统的数据中心向云计算中心转化，可以减少大量的 IT 基础设施建设，节省成本，快速建设起数字化转型需要的各种应用，及时应对业务的变革，同时可以大幅提升 IT 基础设施的灵活性和可扩展性。数字化体系对数据的处理和存储能力有很高的要求，但同时具有不确定性和突发性（如"双 11"购物节对计算资源的峰值要求、电商平台促销活动时的高用户并发数对资源的要求）。利用弹性的云计算架构既可以满足弹性计算的需求，又可以满足低成本的需求。从云的部署模式来看，混合云是未来云计算的发展方向，可以利用私有云来保证数据的安全性，还可以利用公有云来补充外部的计算能力。

因此，汽车企业需要建设自己的云数据中心并提供云服务。

（1）云数据中心

云计算为数字化提供资源、平台、应用的能力保障。云计算技术能够将分布的资源集中构建为资源池，并提供共享服务，从而实现动态分配资源，满足业务迅速增长的资源需求。

汽车企业一般都建设有自己的数据中心，它是为满足信息化和信息系统服务而建设的 IT 基础设施，是数据计算、存储和交换的中心。数字化的广泛深入应用（如汽车数字化开发）和互联化的推进（如车联网）对信息化基础设施和资源提出了前所未有的需求，传统的数据中心及资源管理方式几乎无法满足这一要求，企业必须借助公有云的资源。企业私有云在自建数据中心的能力范围内，可随时随地随需取用，但规模和能力受限。企业通过建设混合云（见图6-4），借助公有云资源和能力（计算、存储、数据、应用等），快速填补自身私有云能力的不足，从而提升服务能力。

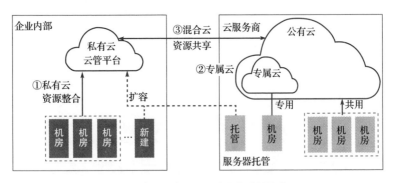

图6-4　企业私有云、公有云构建的混合云

上汽集团、长安集团、一汽集团等国内汽车企业先后建设了

自己的云数据中心。

上汽集团2015年开始整合上海和南京数据中心，形成了"两地三中心"。2019年8月又在郑州投资20亿元新建了一个云数据中心。通过建设全集团统一的云计算平台，上汽集团为数字化转型提供基础服务资源，服务覆盖传统业务（基础资源、邮箱等）和"互联网+"业务（车联网、享道出行平台等）。

长安集团于2018年在重庆新建全球数据中心，采用混合云技术，支撑长安大数据、智能出行等的应用，服务400多万用户，覆盖全球研发、15个生产基地、35个整车及发动机工厂。

一汽集团要在十几个城市部署出行业务，但是在各地建立线下数据中心投资规模太大。一汽集团的选择是自建一部分，同时在现有的一汽集团主数据中心和备份数据中心基础上引入华为云，进而组建混合云。

（2）云服务平台

云服务是数字化转型至关重要的数字底座。智能网联的出行服务、车联网云生态服务、车辆远程控制等应用，需要基础设施（如服务器和存储）来进行海量数据的存储、处理和分发工作。生产经营活动的ERP、PLM等企业管理系统也需要云资源的服务。

智能网联汽车行驶时可产生大量的数据，例如：广汽智能网联电动跑车Aion LX搭载ADiGO 3.0系统，为支持L3自动驾驶，配备了12个超声波雷达、4个短距离侧向毫米波雷达、1个前向中距离毫米波雷达以及5个高清摄像头（其中1个主要用于前向物体识别，4个用于实现360°全景影像功能）。基本的辅助驾驶功能如盲区监测、自适应巡航都必须依靠环境感知的数据。

这些感知设备只是该车智能化的一部分，但采集的数据量已经非常庞大，因此对资源提出了很高的要求。这些数据，以及车辆运行数据、驾驶员长期行为数据等都需要云资源的服务，实现数据的高速上传、海量存储、高性能计算。

智能网联汽车具有的移动互联、智能驾驶、远程监控、主动维修、驾驶行为等功能需要处理、分析、计算海量的数据，需要的计算资源涉及高性能计算、实时传输、高带宽、海量存储等。这些计算能力一部分由车载智能设备所提供，更多的则来源于汽车企业的云数据中心以及公有云资源提供的各种服务。

云数据中心提供的云服务有三种模式：IaaS、PaaS 和 SaaS。

IaaS 提供共享基础服务如：

- 统一提供云端计算、存储、灾备等基础服务；
- 提供海量的计算、存储以及生态资源，提高资源利用率；
- 连接海量的公有云计算资源和生态应用；
- 提供按需自助服务、资源池化、快速伸缩、按使用量收费的服务、广泛的网络访问。

PaaS 提供平台类服务，如：

- 具备大数据和 AI 平台服务，支持车联网、营销、自动驾驶和互联网等大数据采集和计算分析业务；
- 提供 HPC（高性能计算）服务，满足海量的 CAE 仿真业务需求；
- 通过容器和微服务，实现业务应用的快速开发、测试和部署，支持业务创新和迭代。

SaaS 为企业广泛建立的信息系统、软件工具等应用资源提供服务，较成熟的有经营管理、日常办公类应用，如 CRM、

HR、邮箱、即时通信、网络视频会议等。

6.2.2 平台架构：后台

数字化运营平台的后台主要由平台基础设施、后台业务系统和数据湖组成，如图 6-5 所示。平台基础设施包括云服务，前面已经做了简要介绍。下面介绍后台业务系统和数据湖。

（1）后台的业务系统

信息化建设的信息系统构成数字化平台底座的一部分，可以看成是后台系统。

每个后台系统一般会管理企业的一类核心资源（数据+计算），例如财务系统、产品系统、用户管理系统、仓库物流管理系统等。基础设施和计算平台作为企业的核心计算资源，也属于后台的一部分。

（2）后台的数据湖

数据湖具有大数据存储和处理的优势与能力。

数据湖是一种数据存储理念，作为一个集中的存储库，它能以自然格式存储任意规模的数据，并且按原样存储数据，而无须事先对数据进行结构化处理。一个数据湖可以存储结构化数据（如关系型数据库中的表）、半结构化数据（如 CSV、日志、XML、JSON）、非结构化数据（如电子邮件、文档、PDF）和二进制数据（如图形、音频、视频），从而实现数据的集中式管理。

数据湖也是一种可扩展的大数据存储、处理、分析的基础设施，它以数据为导向，实现任意来源、任意速度、任意规模、任意类型数据的全量获取、全量存储、多模式处理与全生命周期管

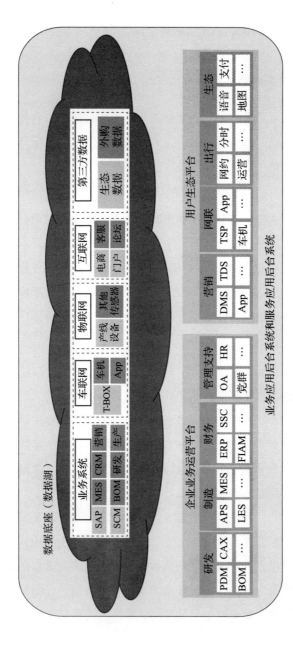

图6-5 数字化架构后台：数据底座和后台系统

理，并通过与各类外部异构数据源的交互集成，支持各类企业级应用。

目前最常见的实现数据湖概念的技术是 Hadoop、Spark 和 Flink。Hadoop 可让数据湖保存海量数据，Spark 可以使数据湖批量分析数据，而 Flink 可让数据湖实时接入和处理 IoT 数据等。随着大数据技术的不断发展，数据湖体系逐步具备了大数据存储、大数据处理、机器学习、大数据分析等能力。

6.2.3　平台架构：中台

数字化中台的理念来自平台化。一个企业的多种业务会有很多共性的地方，把那些共性的地方提炼出来，让它们独立运行，不仅可以避免重复建设，而且会更加专业；而让那些不同业务的不同功能保持独立，从而为用户提供不同的服务，这就是平台化的思想。平台化是把多个可复用的服务抽象出来，变成企业级的服务。不管是技术系统还是业务系统，只要能够抽象出来，能够被复用，则复用的这一层就是中台。

前面已经陈述了传统的信息系统以业务流程和功能为主，是竖井式架构，一般由界面、业务逻辑和后台的数据库组成。图 6-6 左半部分的 OA、PDM、CRM 三个应用系统由各自独立的界面、业务逻辑和数据库组成。界面是用户使用信息系统的触点，业务逻辑部分是信息系统的功能模块。由于应用系统是针对特定业务建设的，所以企业存在很多信息系统。业务中台就是将多种多样的业务系统中共性的功能抽取出来而建设为复用能力的（见图 6-6）。

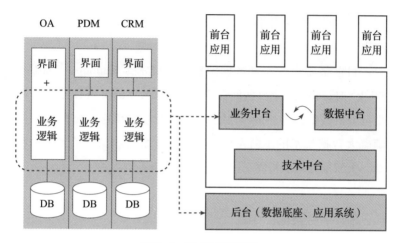

图 6-6　数字化平台架构

数字化中台主要包括业务中台、数据中台和技术中台，如图 6-6 所示。业务中台提供可复用的业务功能，数据中台提供数据洞察和智能的能力，技术中台支撑业务中台和数据中台构建和运行，提供虚拟化或容器化技术支持，以及统一 API 网关等 IT 基础设施。

（1）业务中台

业务中台是面向业务领域的，使共性业务能力下沉并参考微服务架构，为前台提供可复用流程类、交易类事务强相关的服务中心。常见的有用户中心、交易中心、商品中心、促销中心、评价中心等（如图 6-7 所示）。

以用户为例，对于一个汽车企业来讲，用户可能是汽车的买主，可能是车联网用户，还可能是移动出行的用户；用户可能会用到多种应用。

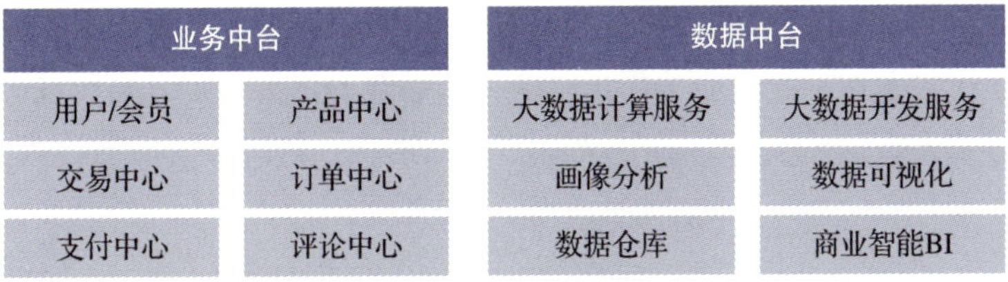

业务中台		数据中台	
用户/会员	产品中心	大数据计算服务	大数据开发服务
交易中心	订单中心	画像分析	数据可视化
支付中心	评论中心	数据仓库	商业智能BI

图 6-7　业务中台和数据中台

在过去信息化的建设过程中，每一个信息系统都将用户作为一个单一的用户。用户管理、付费服务都是在各自的系统里建立的。如果一个人既用到了车联网服务，又是车的买主，还是移动出行的用户，那么这个用户实际上会在车厂的不同系统里对应不同的用户，这就导致了三个用户，付费也有三种不同的方式。业务中台就是把这些用户付款、订单交易管理等共用的功能抽象为共用的服务中心。建立业务中台，那么这个用户对于企业来讲就是一个用户，他不管是购车、使用车联网服务还是使用移动出行服务，订单都归结到一个用户下，交易也都统一在同一个用户下。

（2）数据中台

数据中台从后台及业务中台将数据汇入，进行数据的共享融合、组织处理、建模分析、管理治理和服务应用，基于跨域数据的分析、洞察、训练的数据服务，为前台提供实时决策数据、创新类业务场景。常用的数据中台有数据仓库、画像分析、大数据算法模型、数据可视化、商务智能等。

数据中台的思维是业务思维，从业务问题出发。在过去，如果数据质量不好，也只能看看利用这些数据能干点什么。现在是业务需要什么，我们就用数据中台提供什么，即使连数据库都没有，但只要业务需要这样的数据服务，我们就算手工录入数据也要让它实现，先为业务产生价值，然后我们再来逐步完善数据服务，将它自动化。

（3）技术中台

技术中台支撑业务中台和数据中台的构建和运行，形成闭环，为数据中台、业务中台提供虚拟化或容器化技术支持，提供统一 API 网关等 IT 基础设施。常用的技术中台有微服务开发框架、DevOps 平台、PaaS 平台、容器云等。

过去的信息系统是以功能和流程为核心的，只记录实现功能和流程必需的数据。现在的数字化平台是以数据为核心，建设业务中台、数据中台。业务中台使业务数据化，记录所有商业活动数据。数据中台结合业务中台的数据输入，一起构建数据产生—数据分析—数据再产生的闭环。数据中台与业务中台一体化的核心作用是将业务中台打通并统一各渠道的数据，在数据中台中通过分析这些数据和价值挖掘反哺业务本身，业务本身又将数据保留给数据平台，从而形成相互促进、持续改进的循环。

在企业推进数字化转型时常见的现象是，企业很多部门都各自在建大数据平台，内部存在纷繁复杂的数据源，存在多个所谓的大数据平台，导致很多不必要的重复性建设（包括服务、软件和硬件层面的冗余），或是部门壁垒导致数据无法有效统一来支持前端业务，抑或不同部门自起炉灶、导致数据技术人员过于分散的问题。在这种背景下，企业最高层决定构建企业级统一的中台，把原有资源剥离和再分配，将共性抽象集成并形成资产，统一面向全组织提供服务。

6.2.4 平台架构：前台

数字化运营平台的前台直达用户。为使业务人员快速响应用户需求，平台的前台具有开放的定制能力，相关业务人员可以依托平台和数据推进在各种场景下对用户的服务。

企业级前台应用包括：数字化运营智能，如数字化运营、实时的运营洞察、智能决策、支持全价值链的追溯；数字化的业务应用，如数字化研发 App、数字化制造 App、数字化营销 App、数字化服务 App；数字孪生的应用，如数据驱动的仿真、数字化工厂仿真、远程监控、预测性的维护等。

例如，数字化营销前台应用包括官网、微信、数字展厅、电商、客户 App、车机 AVNT，甚至人工服务台。

华为面向客户、消费者、合作伙伴、员工、供应商等五类用户，以 ROADS 体验为目标打造数字化平台（见图 6-8），实现"突破时间与空间的全连接与零距离"和"基于数据的智能和智慧"，实现更加贴近最终用户、注重用户体验和感受并与用户进行交互的极佳服务。

6.2.5 平台架构应用案例

华为数字化转型的应用平台实现数据驱动业务，业务的开展基于全面实时的数据。

华为在全球范围内采用的是一套 IT 系统平台，是由集团统筹、统建、统管的，采用前—中—后台的架构并对前—中—后台分层解耦，实现云化、服务化，将 1000 多个系统打造成一个统一的数字化平台（见图 6-9）。

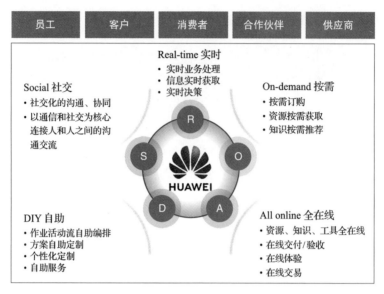

图 6-8　华为前台的 ROADS 体验

资料来源：华为公开演讲

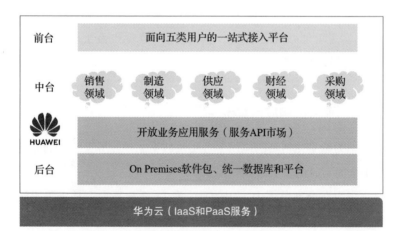

图 6-9　华为的前—中—后台统一平台

资料来源：华为公开演讲

- 连接用户的轻量化前台，一致的体验：构建五类用户一站式接入平台，以用户为中心，ROADS 为标准，融合研发生产及办公类服务提供一致性体验。前台实现了更加快速敏捷的用户连接，前端业务能够根据业务场景进行灵活的编排，能够通过服务编排能力让业务更加敏捷。
- 云化、服务化的强大中台：基于"业务对象、业务规则、业务过程"构建应用服务，开放 API 市场，面向业务进行服务编排，灵活配置业务应用。
- 稳健的后台：以"软件包"为基础，构建业务交易和应用骨干；建设统一的数据底座，数据拉通，数据一致和共享。华为有非常复杂严谨的业务逻辑和非常复杂的业务流程。这就需要构建一个非常稳定的后台支撑整个业务运行，所以华为选择了以业内成熟的"软件包"为基础构建业务交易和应用骨干，同时在"软件包"基础上，将大量软件包的功能通过 API 进行封装，向中台沉淀，来满足前台快速灵活编排的需求。
- IaaS/PaaS：云化，实现全球 IT 资源统一管理和调配，敏捷、弹性。

在基础设施上，通过在核心的应用系统上建立专属云，结合公有云资源满足自身的要求，用一个多云架构来支撑业务的快速发展。此外，通过多种方式，在满足安全策略要求的前提下，将外部供应商的服务快速接入这些 IT 系统里来满足业务需求。

6.3 商务智能、数据中台及数据智能应用

在数字化时代，数据成为新的生产要素，成为企业资产，将驱动企业的生产、经营以及各种管理行为。在这个过程中，企业可以发现业务的短板和运营中可以改善的地方，甚至开发新的业务模式，从而不断优化业务流程，提升企业运营效率，并创造新的数字化业务。

目前，数据的应用包含数据报表和数据可视化的应用、数据智能的应用。

数据报表和数据可视化的应用通过 BI 技术实现，是对历史数据进行宏观的分析和决策；而数据智能的应用通过大数据和数据中台技术实现，是推动企业生产、经营、管理等活动从业务驱动向数据驱动转变的重要手段，将为企业带来巨大价值，是数据赋能业务的发展方向。

本节主要介绍数据应用的技术实现，即商务智能及数据可视化应用、数据中台及数据智能应用。

企业对数据的应用不能停留在数据和信息简单汇总层面，应充分利用数字化技术，对企业内外部的全量数据进行收集、分析和应用，以数据驱动业务和管理活动，洞察趋势，预测需求，对企业全价值链进行全面赋能。

6.3.1 商务智能及数据可视化应用

商务智能（BI）是最常见的数据应用形式。商务智能将企业内外部各种数据加以整合并依据某些特定的主题需求，通过分析

和运算，为业务提供决策性的运营信息（见图 6-10）。

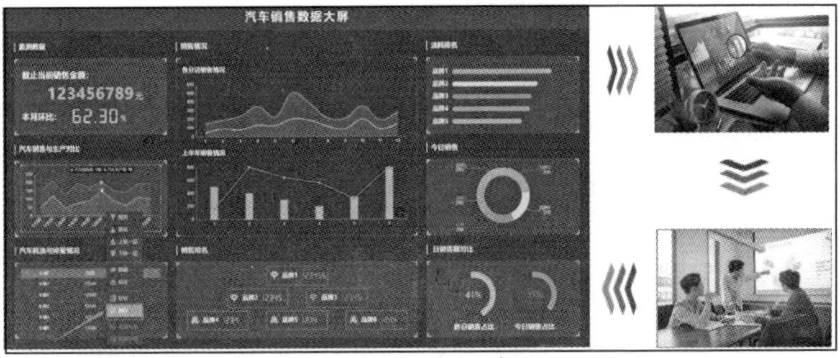

图 6-10 商务智能实现数据的可视化并为决策提供依据

例如，企业通过 BI 建立数据仓库，汇聚各类生产和销售数据，如行业数据、生产数据、销售数据、库存数据、财务数据、车型数据、用户数据等，从中抽取相关数据形成可视化报表，如提供行业排名、销售数据、同比/环比、产品销售占比、目标达成率、库销比等报表。企业经营管理层通过数据统计报告进行决策，或者进行相关的分析工作。以这种形式应用数据，业务的开展实际上还是以经验为主，数据只是参考和佐证。

由于具有在数据整合方面的优势，BI 平台成为企业内部数据和外部数据的沉淀和管理中心。这些整合过的内外部数据成为可挖掘和可分析的数据资源，这是企业利用数据制定决策的前提。

汽车企业通过 BI 应用数据的方式逐渐普及，很多企业建设了管理驾驶舱。通过大数据平台和 BI 技术实现企业研发、制造、供应链、销售、物流、车联网、质量、财务、生产管理等领域的数据可视化，通过手机、大屏等设备随时随地掌控研发进度、物流状态、网联汽车运行、生产过程、经营结果等信息。大数据分析和可视化展示的问题还可以倒逼业务提升、管理改善、协同共赢。

尽管通过商务智能的应用，企业的决策有了数据作为依据，但是，通过商务智能整合、分析、运算来提供的数据通常只是被动且滞后地反映业务现状，并且大多数是宏观数据，在指导企业决策上还是有一定的局限性。比如，大部分企业以季度为节点进行财报或者决策分析。随着数据应用的逐渐深入，企业对于数据应用的需求不再局限于精细化运营方面的可视化大屏（核心的报表除外），对数据有需求的人员将大大增加，对数据应用的实时性、共享能力的要求进一步提高。这时，商务智能就很难满足业务需求了。要进一步发挥数据的价值，就需要数据中台的强大功能和数据的智能应用。

6.3.2 数据中台及数据智能应用

与传统的 BI 相比，数据中台对数据的智能应用要强大得多。数据的智能应用使企业从原来的统计分析转变为应用标签、推荐等算法的预测分析，从被动分析转变为主动分析，从非实时分析转变为实时分析，并且从对结构化数据的分析转变为对结构化、半结构化和非结构化等多元化数据的分析。

数据中台是以 API 的方式为业务应用提供服务，将数据变成数据资产，持续使用数据、产生智能、为业务服务，从而实现数据价值变现的系统和机制。

数据中台的价值如下：

❑ 满足各业务对数据的灵活应用要求，实现数据业务化；
❑ 通过数据发现业务问题，并推动业务改善；
❑ 通过数据寻找规律，预测未来，科学决策。

1. 数据中台

数据中台是将数据业务化，赋能业务的综合性数据能力平台。数据中台为前台提供决策快速响应、精细化运营及应用支撑等，利用大数据、人工智能等技术对数据进行理解、处理和挖掘，实现数据智能应用，驱动业务发展和创新。

数据中台主要由数据资产管理、大数据平台、数据科学、数据服务等部分组成，是具有数据采集、存储、分析、管理、应用等功能的平台，如图 6-11 所示。

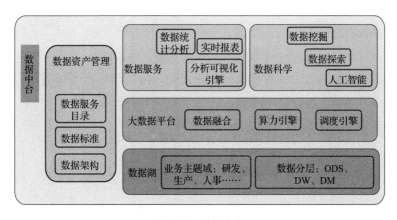

图 6-11　数据中台

数据资产管理负责数据的汇聚整合和提纯加工，并基于统一的数据标准在数据架构下建立数据服务目录，使数据标准化、资产化、服务化、智能化。

大数据平台为数据中台提供以 Hadoop、Spark 等为代表的大数据处理技术。

数据科学为数据中台提供智能算法、建模处理、算法学习。

数据服务以共享服务的方式将数据提供给业务使用，实现千人千面等数据智能。数据服务也是数据中台的平台化能力，能提供增值服务，并以 API 的方式统一数据标准、提供数据服务。

数据中台同时还是一套数据运营机制，能加速从数据到数据资产的价值转变。数据中台是传统 BI、数据湖、大数据平台、人工智能等技术的集大成者。

首先，大数据丰富的数据计算和存储技术为数据中台提供了强大的数据处理能力。

其次，数据中台作为企业数据的集结地，其底层也当然承载着数据湖的职能。

再次，数据仓库对数据的分域建模是数据中台的重要部分，它承载着将企业数据治理得井井有条的职能。

最后，基于强大的数据能力，结合业务场景提供实时、智能的服务和应用是数据中台的核心价值体现。

数据中台建设需要在规划阶段就主动去了解业务，全面梳理业务场景、需要的数据，形成业务闭环。因此，在建设数据中台的同时就必须着眼于业务场景的赋能。

2. 数据智能

通过机器学习、数据挖掘，并构建计算模型，如用户画像、精准营销、智能客服、智能调度、风险控制等，用数据反哺业务应用系统。数据在业务系统中直接发挥作用，产生价值，业务系统就成了智能化的系统，就是数据智能。

数字化运营平台具有大数据、人工智能的数据分析和应用能力。用户在平台上搜索、停留、关注、购物、交易的行为将形成历史数据，对这些数据进行分析、切片，就可以对用户进行画像并贴上各类标签。当用户在平台上浏览或访问时，平台就能智能推荐，提供个性化服务。

数据中台通过对数据的智能应用、实时反馈、数据自决策，为业务中台提供智能决策的数据业务化，包括千人千面、精准推荐、生意参谋。图6-12所示为数据智能实现业务数据化和数据业务化，并实现在业务进行时的数据智能应用。通过对数据的分析，对不同的用户推送不同的广告，如图6-13所示。

所谓精准营销，就是在合适的时机，通过合适的渠道，以合适的方式，向已标识的合适客户推荐合适的产品或服务。

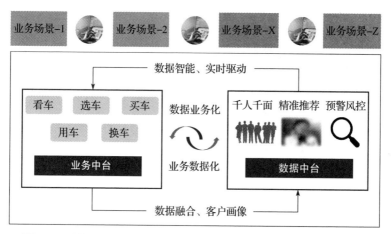

图6-12 数据智能实现业务数据化和数据业务化，并实现在业务进行时的数据智能应用

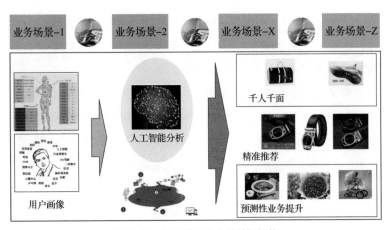

图6-13 基于数据中台的数据智能

什么叫精准推荐呢？举个例子，2020年笔者有点发胖，有一天在百度上搜自己年龄对应的腰围是多少，出现了搜索结果。没过几分钟跳出来一条皮带的广告。笔者本来没有买皮带的想法，但平台判断笔者可能需要一条新皮带而推送了这则广告。笔者一看不错，价格99元，还是佛山某工厂代生产的英国名牌产品，于是就购买了这条皮带。到现在笔者还很喜欢这条意外购买的皮带。基于你的行为，系统会智能化分析出你要什么并推荐，这就叫精准推荐。

传统的电视台对14亿人播出的是同样的广告，而在数字化运营平台上，14亿人收到的是不同的广告。这就不难理解为什么在8年前百度的广告收入就已经超过了中央电视台。美国媒体研究公司Zenith在2017年5月公布的《全球媒体公司30强》榜单中，百度排名全球第4，远超排在第20位的中央电视台。

通过对数据的分析，可以对不同的用户推送不同的广告。例如：一个用户在外卖平台上订外卖，刚开始一段时间是订一人份的，后来就变成了订两人份的，那么系统就会判断这个年轻人谈恋爱了，于是给他推送鲜花、电影票这类情侣用的东西。再过一段时间，订餐量大了，就可以判断这个女生怀孕了，就可以给他推送婴儿车、婴儿衣服之类的东西。这就是千人千面的精准推荐。

数据智能是数据中台构建的业务数据化和数据业务化实时相互作用的结果。常见的管理驾驶舱、可视化大屏、各类报表是数据经过汇聚、整合、分析、挖掘之后形成的信息，用来供人思考和分析，再将人的决策应用于业务提升。而数据智能则是应用人工智能技术替代人的思考和分析，在数据中台构建的机制中将决策直接应用于业务。这种方式极大提高了整个平台的智能化水平，发挥了数据的价值。

在汽车企业的数字化销售运营平台上，就可以根据客户画像，通过人工智能技术对用户的购车意愿、喜爱车型、心中价位、存有的疑问、车型性能、购买方式等进行预测和判断，为客户提供精准推荐。

如果企业的业务中有千人千面、精准推荐等数据智能应用，那么这带来的工作成效提升及独特竞争力就能让企业在竞争中具有强大优势。

| 第 7 章 | CHAPTER 7

以数据为核心,实现企业数字化运营

本章以数据为主线，从数据是企业的核心资产、数据资产的价值创造、企业大数据平台的建设和应用、企业数字化运营四个方面详细阐述数据对企业的重要意义。

数据是企业的核心资产已成为共识。企业要把数据作为新的生产要素，充分应用全量数据赋能业务、产品和服务，这是数字化转型成功的关键。

数据资产要创造价值，企业需要在技术上和管理体系上实现业务数据化、数据资产化、资产服务化、服务价值化，需要建设统一的数据管理系统，并开展数据治理。

数字化为企业带来了几倍、几十倍甚至几百倍数据量的急剧增长。企业需要处理的数据量越来越大，格式种类越来越多。因此企业要建设统一的大数据平台，应用人工智能、大数据分析深度挖掘数据价值，为产品和业务提供数字洞察和数据智能。

全面数字化，企业就可以充分发挥数据的价值，以统一标准、统一数据、统一平台使数据的管理、分析成为企业价值链的重要部分，从而实现用数据说话、用数据管理、用数据决策、用数据创新，以数据重构企业智慧，实现卓越的数字化运营。

7.1 数据是数字化的产物，是企业的核心资产

传统汽车企业的数据主要存储在应用系统中。例如，研发的产品数据在PDM中，生产制造的数据在ERP和MES中，销售数据和客户数据在DMS中，还有的数据在企业的HR、OA、SCM等系统中。所有这些数据称为业务系统数据。过去只对这些数据进行有限的分析和应用。

这些业务系统数据看起来已经有很多了，但其实汽车企业还有大量的其他数据，主要包括：1）设备运行及其他物联网数据（研发试验设备、生产制造设备）；2）车联网数据；3）客户信息数据；4）社交媒体数据（又称为互联网数据）；5）第三方数据（如行业协会中统计的销售数据、检测数据）。其中，前三类数据属于汽车企业的内部数据，后两类属于汽车企业的外部数据。

实现对上述所有数据的统一管理、集中发布、全局共享、决策支持是数字化的核心。因此，汽车企业从不重视数据的开发和应用到应用全量数据赋能业务、产品和服务，是数字化转型的重要内容。企业高层管理者要有大数据思维，领导积累企业数据资产，以赋能企业运营和决策。

数据是企业的核心资产，数据将逐步成为企业的利润之源。

7.2 数据资产的管理、服务和价值创造

数据资产的管理和服务应本着共享和服务的理念，通过数据管理系统，实现统一的数据获取、统一的数据建模，提供多元化的数据服务，保障数据安全，实现数据充分共享互通，实现数据资产的开放运营。

汽车全价值链的各个阶段都有非常丰富且复杂的数据源，既包括研发、制造、供应链、营销、服务的各类数据，也包括客户数据、社交媒体数据，如图 7-1 所示。随着数据采集和处理能力的不断提升，数据的类型越来越丰富，包括文档、图片、音视频、网页和实时数据等。

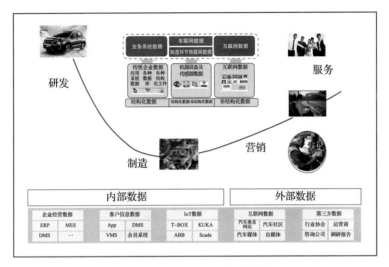

图 7-1 汽车企业有丰富且复杂的数据源

内部数据和外部数据都是企业的资产，都要作为资产进行管理。数据资产管理包括业务数据规划、数据标准管理、数据质量管理、数据管控和数据安全管理等。

数据管理部门将从成本中心转变为价值（利润）中心，向业务提供产品服务。其管理职责包含数据模型、元数据、数据质量、参考数据和主数据、数据安全等传统数据管理职能，同时整合数据架构、数据存储等内容，将数据标准管理纳入管理职能，并针对当下应用场景、平台建设情况，增加数据价值管理职能。

为了更好地利用数据，企业需要建立统一的企业级数据管理系统（如图 7-2 所示），对数据资产进行有效管理与集中治理。不仅要建立数据治理体系，实现数据整合，形成数据资产，提高数据质量，保障数据安全，还要建立数据管控体系，以保障数据管理系统的"高可用、高效率、高性能、高安全"。

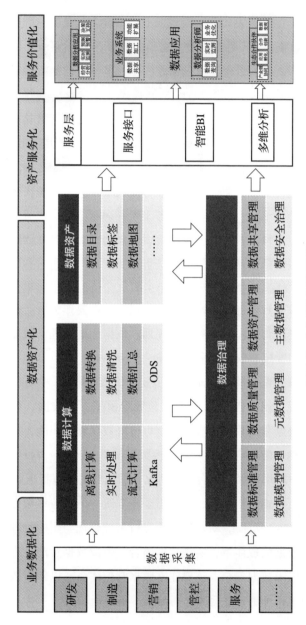

图 7-2 企业级数据管理系统

为此,要开展业务数据化、数据资产化、资产服务化、服务价值化四个步骤的工作。下面将逐一论述。

7.2.1 业务数据化

业务数据化是数据资产化的前提。要实现业务数据化,首先要实现业务信息化。对全价值链上还没有信息化支撑的业务,就需要构建新的信息系统,使业务数据能够在信息系统中保存下来。

业务数据化是业务活动在信息系统中开展,产生数据的过程。数字化运营需要全景图,因此要求数据是多源的,比如生产的视频、产品的照片等数据都需要。但这类数据是非结构化的,需要通过视觉算法等方式转为可分析的结构化数据。

对于汽车企业,研发、制造、营销、管控、服务等都有相应的信息系统支撑。随着业务在线化的推进,越来越多业务活动的数据被记录下来。

产品和业务的数字化将产生企业业务运营和创新的数据、用户使用产品的体验和服务数据、产品运行数据,以及互联网数据、市场和行业趋势数据等外部数据。企业内外部数据需要统筹整合,多源数据需要全面贯通,才能看到数据的全貌,更好地发挥数据的价值。

7.2.2 数据资产化

大部分企业数据管理的现状是:缺乏统一的数据标准和规

范、缺乏统一的数据管控手段、缺乏统一的数据管理系统，数据流向不清晰，数据多源异构，分散存储。由于缺乏数据治理，企业数据源存在数据不真实、不准确、不透明、不完整，而数据管理缺乏"规范性、安全性、及时性、易用性、前瞻性、共享性"等问题。因此，企业首先要实行数据治理。

其次，数据资产化是数据管理系统的重要内容。数据管理系统实现数据快速加工，打通包括用户、产品、销售、风险管理在内的各类数据，并快速生成数据平台数据类目体系，使数据以服务化的方式实现业务增值并创造新的数据业务。基于内部数据汇集加工而成的标签对用户、销售员、产品建立画像模型，为用户关怀、精准营销、风险控制模型等数据应用服务提供数据支撑。

（1）数据治理

数据治理是对数据进行处置、格式化和规范化的过程，是数据和数据系统管理的基本方法。数据治理的核心是标准规范建设、数据建设、数据质量管理。

数据标准规范是数据分析的基础，集中管理数据资源，加大数据标准化力度，实现内部、外部数据语义统一。以汽车生产制造中工业设备的数据为例，汽车生产设备种类繁多，源头数据格式不一，很难进行整合和分析，因此需要制定统一的数据标准和规范。

数据质量管理要确保数据的完整性、唯一性、准确性、一致性、及时性。

对各种数据，特别是多源数据，只有通过数据治理，才能保证数据资产的高质量和安全性，持续改进，并实现数据价值。

企业要对数据进行有效管理和集中治理，就需要建设数据治理体系。数据治理体系框架主要包括以下内容。

- ❑ **治理基础**：主要由数据架构管理，主数据、元数据管理作为数据治理活动的底层，提供架构与平台的支持。
- ❑ **治理核心**：包含数据质量管理、数据安全和隐私管理等数据管理的重点关注领域。数据作为生产要素，只有流通起来，才能实现价值的最大化。但在企业应用中，往往因为数据安全、隐私保护等问题，数据无法在企业间流通。要在数据不出域、可用不可见的前提下，实现数据的安全流通。
- ❑ **数据服务**：主要由数据治理对外提供价值的数据服务组成，包括数据字典、数据产品等功能。
- ❑ **治理保障**：从治理组织、流程与制度等方面保障数据治理活动能有效持续地进行。

数据治理是数据成为资产的前提条件，也是大数据分析和应用的关键。

（2）数据的整合与集成

业务数据化可以以多种方式实现。汽车企业业务信息系统、工业设备、汽车传感器、用户驾驶行为或社交媒体观点发布、云生态平台等都会产生数据。因此，不同系统之间、云上和线下、内部和伙伴之间、IT 与 OT（运营技术）之间都存在数据边界，需要整合集成，否则数据无法自由共享、流通。汽车企业需要打破数据集成、流通壁垒，实现数据全面集成，从而让数据实时流动，激活全量数据价值。

（3）数据资产化管理

如图7-2所示，通过建设数据仓库体系，实现数据资产化。在数据仓库中，通过数据治理，产生ODS（操作性数据存储）、DW（数据仓库）、DM（数据集市），再以资产管理的方式对数据建立数据目录、数据标签、数据地图等数据资产管理机制。数据资产化的目的是为应用服务。

多数据源贯通，把数据标签化、价值化，让数据可持续、可应用。标签化即通过数据提炼出形象的标签，例如用户的行业、需求偏好等。这种标签是概括性的、易懂的，而非绝对值指标。

例如，一个客户买了一台新车，企业有了车主买车的品牌、车型、付款数，这不是标签化。企业需要将统计数据标签化，比如用户对车的偏好是旗舰版、品牌、车型，这才是标签化。然后对原始数据进行清洗、提炼，转化为可衡量的数据。今日头条会通过各种方式收集数据，为每一位读者打上一万多条标签，因而得以精准地推送信息给每一位读者。

（4）用户数据和知识是资产

有两类数据是数据成为资产并产生价值的重点，一是用户数据，二是知识。过去一个销售人员离开了公司，他所联系和服务的用户可能就成为了他就职的新公司的用户。因为传统的企业和用户的关系不是建立在数据的基础上的，而很大程度是建立在个人关系亲疏程度上的。数字化经营用户，就能使用户成为企业的资产。知识是数据的一种形式，知识是资产，这是不言而喻的。

7.2.3 资产服务化

成为资产的数据就可以为业务提供数据支撑。服务主要有分析服务和共享服务。

（1）分析服务

分析服务提供高质量、多渠道的数据分析服务，主要以实时分析和常规统计报表等方式提供主题分析、专项分析、领导决策执行情况等服务。

（2）共享服务

共享服务提供各种数据共享服务，主要包括查询服务、导出服务、批量获取等。

资产服务化的核心是中台建设。企业构建数据中台，通过技术底层透明化，把数据提供给各个组织、业务单元去调用，业务单元只需要从业务的角度出发使用数据服务，而无须考虑底层数据技术。

随着业务数字化广泛而深入的开展，数据量爆发式增长，于是出现了基于数据科学的数据技术（DT）。不同于传统的信息技术注重系统和流程，DT 关注的是数据分析及应用。IT 和 DT 不是对立的关系，而是融合的关系，为企业实现全面数字化运营和智能决策提供技术平台。

7.2.4 服务价值化

数据作为重要的资产必须用起来，为企业创造价值。业务团队应该通过数据发现业务中的问题，因此，业务人员既要懂业务也要懂数据，甚至要自己处理数据和构建模型。不仅如此，还要让数据嵌入生产流程中直接发挥作用，比如标签库要成为营销目标用户的发起地，风险控制模型要嵌入用户操作流程中，等等。

数据智能是服务价值化的技术实现。随着大量面向用户的数字化平台的建立，数据量急剧膨胀，原本构建的数据仓库面临着巨大的存储压力、性能压力、查询压力，更不用说为业务赋能，实现增值创新了。在这种压力下，企业数据建设的目标逐渐转移到以互联网、大数据体系为基础的开放赋能的能力上。数据管理从结构化数据到各种类型的数据（结构化、半结构化、非结构化数据），数据应用从事后提炼到实时数据，应用模式从人工判断到嵌入业务流程。而对于数据价值的要求不再局限于精细化运营方面的可视化大屏，除了核心的报表之外，数据部门会进一步通过数据中台的开放共享能力，让更多的运营人员和对数据有需要的人员灵活获取分析数据。在整个前台应用系统层面，会融合叠加数据中台提供的数据价值、模型价值去实现应用系统的数据智能化升级。

7.3 企业大数据平台及应用

大数据技术是实现企业数字化运营、数字化转型的核心技术。

首先，对于海量数据，大数据技术提供集成、存储、计算与管理能力。大数据平台利用多元处理引擎可以处理全量及实时的计算，利用混合分布式文件系统可以对海量数据进行分布式存储。

其次，大数据管理与应用为智能化提供了前提条件，为数据中台实现数据智能提供了数据管理的基础。

汽车企业有着非常丰富的数据，包括内部数据和外部数据。内部数据包括业务系统数据（ERP 系统数据、DMS 数据）、用户数据、车联网数据，外部数据包括互联网数据（如论坛等社交媒体数据）、第三方数据（如上牌照数据、上保险数据）。

企业建设大数据平台，通过大规模机器学习和深度学习等技术，对海量数据进行处理、分析和挖掘，提取有价值的信息和知识，并通过建立模型提供现有问题的解决方案、实现预测等。

7.3.1 大数据平台

数字化必将带来数据的爆发式增长。随着业务系统越来越多，收集的数据越来越细，使用系统的时间越来越长，数据量的增长也越来越快。

大数据具有数据量大、数据多源异构、数据量增长快等特点，传统技术架构难以实现海量数据的处理、计算和分析。大数据平台服务逐渐成为海量数据处理与分析的核心平台。

大数据平台实现数据整合、分析和应用。数据整合是对数据进行跨系统的数据聚合；数据分析是对聚集起来的数据进行算法分析，服务于企业的研发、运营、管理等各个业务；在分析中应用人工智能、机器学习算法，对企业的各项决策提供辅助。

如图 7-3 所示，大数据平台一般可以分为四层结构：数据源、数据湖、数据分析 / 建模、数据服务 / 应用。

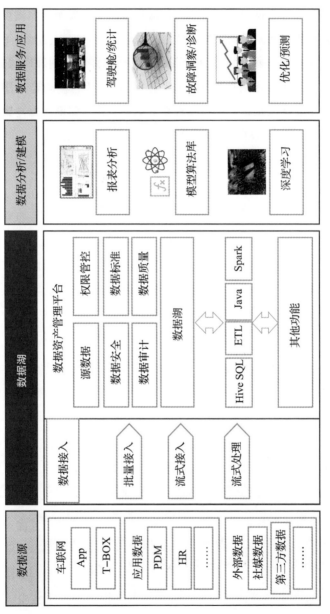

图7-3 大数据平台层级架构

（1）数据源

大数据平台可以实现全域数据的精准分析，实现低价值密度数据的有效抽取。数据源可以是企业的全域数据。对于汽车企业，数据包括车联网数据、企业内部应用系统数据、外部数据、互联网数据等，涉及用户、车辆、车型、售后、消费行为、互联网行为等全量数据。

（2）数据湖

大数据平台实现统一存储管理和多样接入计算能力（批量、实时、流式处理等），数据资产管理平台管理企业主数据，实现企业核心数据一致性，保证数据资产质量，并实现多源数据融合拉通。数据的接入能力和数据资产管理机制使大数据平台可以实现蕴含巨大价值的海量数据间的关联关系的价值挖掘，实现实时海量数据分析以帮助业务人员快速应对业务变化。

（3）数据分析与建模

数据的分析与建模基于汇聚的数据，通过算法与模型，以人工智能的方式实现业务智能化。算法和建模构建用户画像、渠道画像、智能库存、备品备件预测等分析应用。

（4）数据服务与应用

数据的服务和应用为各种业务应用场景提供服务，平台一般具有开放分析定制能力，帮助相关业务人员迅速依托平台、数据能力推进业务决策的改进。

此外，大数据平台还具备预测式分析价值。通过预测式分析，结合外部数据和历史事实，业务人员能够更好地了解客户、产品和合作伙伴，识别公司的潜在风险和机会。

大数据平台以数据支撑由业务场景驱动的分析能力,实现企业数据资产的价值挖掘与体现。大数据平台是为企业数据产生价值的重要支柱。

大数据为现有业务提升、管理优化及新的商业模式创新带来了新机遇。因此,企业需要建设大数据平台,通过大数据价值挖掘、人工智能技术应用为智能化产品、企业各业务赋能。

汽车企业都在建设大数据平台以服务各种业务。上汽集团建立了集团级大数据平台,统一集团下属企业数据,含车联网、营销、经营管理、移动出行等业务领域,建立企业数据湖并向下属企业提供数据及分析服务。

7.3.2 社交媒体大数据平台案例

随着互联网的广泛应用,舆情成为企业十分关注的领域。舆情大数据分析平台是大数据平台的一个应用案例。图7-4是大数据舆情分析平台的架构,分为数据源、数据湖、数据分析、数据服务和应用三层。

大数据平台具有丰富的数据源,实现全网监测,采集来自社交网站、论坛、电商、新闻网站、手机客户端等社交媒体的数据;数据呈现直观,分析结果通过各种图表可视化呈现;通过数据抓取、存储、分析、呈现全部自动化完成,实现高效率自动化分析;通过全天候不间断监测,随时更新数据,确保数据的实时性,从而在舆情出现异常的第一时间,快速准确地预警。

大数据实时捕捉舆情动态,支持舆情增长情况动态监控;舆情正负面分析;产品总体情感趋向评价;产品优缺点、舆情讨论

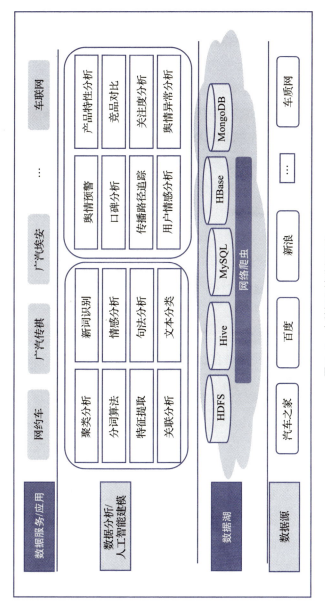

图7-4 大数据舆情分析平台

热点分析，实现民意评论实时掌握，把控舆情；产品评价精准分析，改进产品；媒体报道全网监控，提升品牌；负面舆情闭环跟进，保护形象。

从应用的价值来看，社交媒体的大数据舆情分析平台可以实现以下几点。

- 了解客户：获得客户对产品及其各方面特性的评价和正负性情感。
- 竞品分析：掌握竞品在关注度、口碑、产品特性等方面与自己产品相比的优劣。
- 洞察市场：了解产品在市场中的舆论热度，以及在各网络平台获得的关注度。
- 危机处理：对突发危机事件，能做到及时获知、及时分析、及时处理。

7.3.3　基于社交媒体的大数据对质量、竞争力的洞察应用

以用户为中心，需要"聆听"用户声音。用户声音大量出现在互联网社媒上，产品研发中需要的需求分析、产品企划、车型竞争力分析、质量分析等，均可以通过互联网社媒数据找到参考。

社媒数据具有多样性（文本、图片、音视频）、价值密度低（噪声多）、体量大、增速快等特点，其深入挖掘分析非 Excel 等普通工具所能实现，需要借助大数据平台。

广汽研究院信息与数字化团队自主开发的传祺洞察大数据平台（见图 7-5），通过聚合互联网社媒数据并按广汽研究院业务需求对数据进行整理、分析，提供竞品分析、社媒质量数据分析、

口碑分析等功能；全部数据保存于研究院本地，可实现功能模块的快速迭代，软硬件架构的快速灵活扩展。该平台能够基于社交媒体网站、论坛、汽车新闻等互联网数据，广泛、及时、深度获取用户声音，已成功应用到产品企划、质量舆情、用户研究等业务工作中。

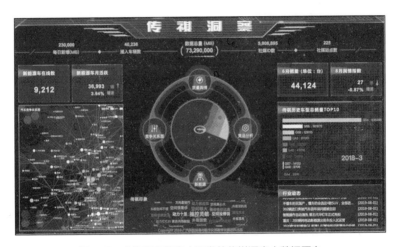

图7-5　广汽研究院自主开发的传祺洞察大数据平台

目前，该平台已覆盖200多个网站，汇聚2011年以来3000多款车型、3万多个年款的80多万条投诉、130万条口碑、600多万条汽车新闻、1亿多条论坛帖子等社交媒体数据，涉及580多万网民声音，以及2015年以来的4万多传祺新能源车T-BOX回传信号数据。数据总量达100 TB，日增量为300 MB，采用投诉识别、情感识别等100多个算法进行大规模挖掘，将数据转为质量指标、商品性指标、用户体验指标等3套业务指标体系下的业务信息。

大数据对质量、竞争力的洞察应用给企业带来了明显收益。比如，在产品更新换代时需要对市场上的车辆进行战胜战败关键因素及用户口碑分析。采用传统打电话的方式，需要3个人调研28天，调研200多个样本，才能得出分析报告。现在通过大数据平台，只要3个小时就能分析800多个样本，得出分析报告。

图7-6展示了传祺洞察大数据平台的竞品口碑分析和质量舆情分析图表。用户还可以对分析结果进行进一步钻取以获得更多信息，直到获得媒体上用户的原文陈述。

广汽研究院产品线、造型中心、知识工程等部门不断提出大数据分析需求，已规划开发20多个业务场景的移动应用，实现前端在线的实时洞察业务动态，全面提升经营管理水平。

目前，该平台已提供以下服务。

（1）明察产品优劣

产品竞争格局分析，把握全局；产品竞争关系分析，锁定竞品；产品口碑对标分析，借鉴提升；质量故障投诉分析，改进质量。

过去对海量口碑逐条统计，现在自动分析，动态查询，支持动力性、舒适性等16个维度车主口碑对比，并可追溯到评价原文。

（2）新能源汽车运行分析

以车联网采集的新能源车数据为基础，再结合部分第三方数据，通过对大数据的挖掘分析，实现面向研发和用户的车辆故障分析、车辆性能监控等应用。

第7章 以数据为核心,实现企业数字化运营

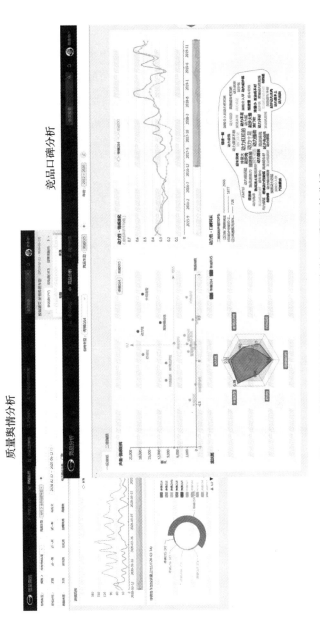

图7-6 传祺洞察大数据平台竞品口碑分析和质量舆情分析

（3）洞察用户特征

认证车主画像分析，优化企划；认证车主行为分析，精准投放；潜在用户群体识别，提供线索；车友会员动态跟踪，加快发展。传统的线下调研耗费数月，现在的在线报告一键生成。

7.4 企业数字化运营

数字化企业应实现"统一数据、统一平台"的数字化运营，实现用数据说话、用数据管理、用数据决策、用数据创新，以数据重构企业智慧，使数据的管理、分析成为企业价值链的一部分，实现卓越的数字化运营。

7.4.1 统一数据

数字化企业打造生态圈，就要有统一数据的能力，整合企业内部、供应商和经销商、外部的数据，要具有统一数据接入、数据整合、数据服务、数据应用的能力。

汽车企业生态圈可以分为三个层次：企业内部业务、产业上下游、外部资源。打通企业内部业务，实现企业内部高效运营；打通产业上下游，实现供给侧、需求侧高效协同；开放融入各类外部资源，构建车企数据业务新生态。

企业需要建立集团级统一大数据平台，整合集团下属企业分散的数据及集群，保证全集团及子公司数据同源、平台同源，避免内部数据不一致及资源重复投资，从而实现统一数据的目标。同时要打通产业上下游涉及的供应商、仓储物流、经销商、终端用户，连接外部相关的服务提供商、后市场服务、合作伙伴、金融服务、电商/媒体/垂直门户、同行业合作等资源。

三个层次的数据贯通，才能真正实现生态圈协同。

基于统一数据、统一平台的数字化运营在对企业内部、对外协同、对用户服务方面都有全面的能力提升。

（1）对企业内部

- **精细化管理能力**：主要是业务全面线上化，端到端地开展流程优化。需要从企业级角度去审视信息化、数字化建设。基于平台的全连接，可以以数据实现横向到边、纵向到底的有效管理。
- **数据智能决策能力**：通过数据资产建设和算法模型迭代来实现数据智能决策，由大数据引领决策。数字化运营平台的智能化既来自数据智能，即通过构建业务模型，用人工智能技术取代人的介入；也来自业务在线的参与人员的人机协作，利用人的智能来体现整体系统的智能。

（2）对外协同

- **数字化供应链能力**：主要是使与合作伙伴的合作更加顺畅，设计、制造、服务、运维数字化连通，合作方数字化协同高效有序。在生产制造供应链管理方面，可以优化仓储，实现物流的同步配送、同步生产，以最大限度减少在制品库存。
- **内外生态融合能力**：建立内部产业生态合作、外部科技生态合作和资源创新合作。

（3）对用户服务

- **客户综合服务能力**：主要是客户标签深度洞察、客户交互入口整合、客户生态营销服务，在资产运营的同时优化客户的体验。
- **线上线下的融合能力**：业务在线使汽车企业可以直达用户，为用户参与企业全价值链活动提供沟通、交互的平台。

7.4.2 "以用户为中心"的数字化运营

数字化企业的业务工作在数字化运营平台上开展。一切业务活动的数据形成企业日常运营的全景图、用户全景图、产品全景图、市场变化及行业趋势全景图等。数字化运营反映的是企业所有的细节情况，更利于企业掌握业务的瓶颈，发现工作中可以改善的地方，甚至探索出新的业务模式。由于具有实时性和客观性（例如实时大屏、移动BI、总裁桌面、驾驶舱等），数字化运营不仅有利于企业实现精细化运营管理和及时决策，而且使每个人都能够利用数据优化工作流程，提升工作效率。

如图7-7所示，基于"统一数据、统一平台"，数字化企业可以形成核心业务主题画像，进而形成研发全景视图、销售全景视图、供应链全景视图、服务全景视图。数字化企业的数字化运营，在企业层面，可以洞悉业务全貌，掌控全局；在业务层面，可以暴露业务短板和瓶颈，解决问题时就可以直击痛点，消除瓶颈，使业务得以迅速提升。

第7章 以数据为核心，实现企业数字化运营

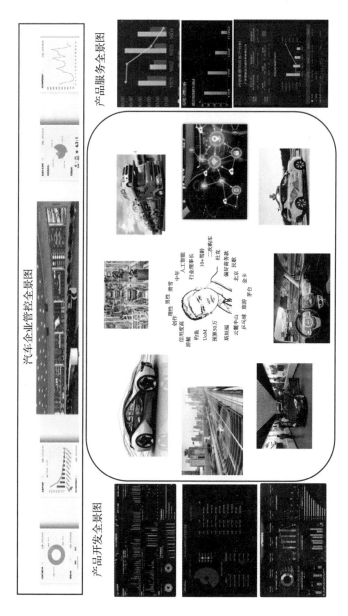

图 7-7 数字化企业业务运营全景图

数字化企业的数字化运营是基于"统一数据、统一平台"，进行全价值链数据融合的业务在线、业务运营。并且，数字化运营基于数字化平台应用大数据和人工智能技术，把实时决策融入业务流程，实现智能决策。

随着数字化转型的深入，越来越多的企业实现了数字化运营。在企业研发、制造、采购、质量、销售、财务、物流、生产管理、车联网及人力资源等各领域实现全价值链数据可视化，管理和业务人员可以通过手机、大屏等设备随时随地掌控企业的业务活动过程情况、经营结果等，并通过数据洞察如何优化业务流程、改善管理、推动数据创新。

汽车研发可以实现从主观研发到以用户为导向，可以应用大数据平台，实现全方位的市场分析、新产品企划分析、量产车型的舆情分析。

汽车生产可以实现智能制造。生产设备工作状态、生产过程数据被实时采集，实现生产执行、生产过程的透明化，通过均衡、柔性、同步生产，实现按订单生产、个性化定制。

数字化运营有利于企业战略规划的落地。企业在制定战略目标后，会将战略任务分解到各级企业、组织，最终分解到人，并制定战略考核和激励措施，强力推动战略落地实施，制定战略闭环管理，开展战略评价和迭代优化。

数字化是智能化的前提和基础，只有实现了数字化运营，才能实现企业的智能化运营。一个智能化运营的企业不仅拥有强大的竞争力，还能引领行业的发展。

第8章 | CHAPTER 8

汽车企业数字化转型实施重点

数字化转型大潮席卷各行各业。汽车企业纷纷提出数字化转型的战略并积极推进各种数字化转型举措。在产品开发方面，传统汽车企业通过寻求与 ICT 公司合作来发展智能网联汽车。在业务领域，汽车企业积极应用仿真与虚拟现实、大数据、人工智能等数字化技术开展研发、营销等工作。除此之外，还有一些汽车企业通过建设数字化运营平台，积极探索新型业务模式，包括个性化定制、智能生产、共享出行等。

汽车企业价值链长、产业庞大、组织复杂，数字化转型涉及面广，方式众多。汽车企业数字化转型应该聚焦在哪里？如何推进重点工作，推动全面数字化的开展？这是困扰汽车企业的普遍问题。

笔者根据对数字化技术、汽车产品发展趋势，以及信息技术与产品和业务融合规律等关键因素的深刻认知，提出了汽车企业数字化转型应以推进"产品数字化、业务数字化、竞争优势生态化、数据资产价值化"为实施重点的观点。

本章详细阐述数字化转型在产品数字化、业务数字化、竞争优势生态化、数据资产价值化四个方面的内容和价值。更全面的汽车企业数字化转型的总体策略，包括战略和规划、实施路径、转型核心价值等则在下一章全面论述。

8.1　汽车企业数字化转型当前推进热点及实施重点

汽车企业要实现向移动出行服务商的转型，需要以数字化技术为核心持续推动产品、服务、商业模式、技术应用等方面的创新。数字化转型的实施既要全面广泛，也要把握重点，循序渐进。

本节首先简要介绍当前国内外汽车企业数字化转型的热点，

然后提出汽车企业数字化转型的实施重点。

8.1.1 当前汽车企业数字化转型推进热点

面对数字化发展大势，传统汽车企业已经开始了数字化转型。当前汽车企业数字化转型主要在产品数字化、业务数字化、大数据应用等方面，不同企业侧重点不同，但都取得了一定成效。产品数字化主要以智能化、网联化的功能为主，汽车企业积极与ICT公司合作；业务数字化以应用数字化技术提升业务为主；大数据应用得到了各企业众多业务领域的重视，有着广阔的前景。

1. 汽车企业与ICT企业合作推进数字化产品

随着国内外汽车企业积极布局"电动化、智能化、网联化、共享化"的"四化"战略，越来越多的汽车企业一方面在研发上投入巨资开发"四化"产品，另一方面与ICT企业携手，或打造产品，或成立合资企业，共同推进"四化"战略的落地。

2016年，上汽集团、阿里巴巴以TSP为桥梁，依托阿里巴巴在生态、云计算、大数据方面的优势，联合推出了新一代互联网汽车。上汽和阿里的合作是传统汽车企业与互联网公司合作的范例，催生了以RX5为代表的互联网汽车。通过AliOS+云平台赋能，导入完整的阿里生态，打开了汽车产业新的发展格局，也标志着汽车产业的竞争从车延伸至车生态。

互联网企业也积极与车企合作。百度构建了由汽车企业、软件公司、供应商等形成的自动驾驶开发生态。百度的Apollo（阿波罗）系统是面向汽车行业及自动驾驶领域的软件平台，也是自动驾驶生态圈的产物。目前，Apollo 系统已经成为全球最大的自动驾驶开放平台，建设了自动驾驶、车路协同、智能车联三大开放平台，拥有的生态合作伙伴几乎囊括全球所有的主流汽车制造商（宝马、戴姆勒、大众、丰田、福特、现代、一汽、北汽、长城、吉利、奇瑞等）、一级零部件供应商（博世、大陆、德尔福、法雷奥、采埃孚等）、芯片公司、传感器公司、交通集成商、出行企业等，覆盖从硬件到软件的完整产业链，拥有全球几万名开发者。

现在，越来越多的传统汽车企业积极与 ICT 企业紧密合作，共同打造智能网联汽车，比如，广汽与华为、长安与腾讯、一汽与华为、吉利与阿里等，推出的汽车产品智能化程度越来越高。

尽管汽车企业在智能化、网联化等方面取得了长足的进步，但汽车的数字化功能在用户体验上还有待进一步提升。例如，智能座舱中的数字按键、语音交互、手势/面部识别等感知方式都已有应用，但准确性、实时性还需要继续提升。此外，与传统汽车的质量标准相比，智能网联汽车数字化方面的质量问题突出，亟待汽车企业加大力度，快速提升。

2. 汽车企业推进业务数字化

信息技术具有极强的穿透力，可以应用于业务的每个方面。因此，汽车企业业务的数字化贯穿研发、制造、供应链、营销、服务等全价值链。如前面章节所述，信息技术与业务融合的三个阶段是辅助、支撑、支配。信息技术与业务融合的程度不同，将产生不同的效果。

国内外传统汽车企业在业务数字化方面已经实现或正在推进的工作有以下几项。

(1) 数字化研发

通过研发过程、研发知识、研发工具等的数字化,实现企业内外部的协同研发,缩短新车迭代周期。大型汽车企业(如广州汽车、长安汽车等)都建立了全球研发网,数字化赋能高效协同,并成为研发模式创新的有力手段。

(2) 数字化生产

通过物联网、人工智能、虚拟现实等技术,优化生产排期、物流管理、能耗管理、质量检测等汽车制造环节,实现个性化定制、柔性生产。比如,一汽红旗智能工厂实现智能化生产制造。

(3) 数字化营销

丰富用户购车过程中的数字接触点,建立线上线下协同的营销体系,以更低成本、更高效率获取用户。传统广告以品牌传播为基础,以打造知名度和美誉度为目标,投资效率较低。数字化营销是以广告精准投放为标志的效果营销,在各环节充分利用技术手段为汽车品牌在人群中精准定位目标用户,有效提升品牌宣传效果,降低成本。通过建设广告监测系统,在广告投放前出谋划策,投放中实时监管,投放后深入洞察,从而突破传统营销模式,实现精准广告投放。例如,广汽本田建设了数字广告监测体系来准确评估各营销活动的投放效果,长安福特建设了数字化营销平台。

(4) 数字化服务

通过数字化平台,提升用户购车、用车全过程的体系服务。未来,服务体验的重要性将超越车本身的驾驶体验。例如,广汽丰田对现有 4S 店进行数字化、智能化升级,建设成智慧门店,为客户提供更好的数字化服务体验。

3.汽车企业重视大数据赋能

不管是产品的智能,还是业务的提升,最终都要通过数据的智能应用来实现。汽车企业越来越多地应用大数据赋能业务,取得了明显成效。

德国宝马利用数字化提升用户体验,通过分析用户的驾驶行为和需求,使产品的设计、制造、交付和使用等方面都更贴近用户的需求,从而挖掘更多的市场信息。

东风日产应用大数据实现渠道优化。例如,营销资源在各个网络渠道(如门户网站、搜索和微博)的投放是根据互联网上用户行为轨迹来确定目标用户,并且通过门户网站带来订单线索,再对潜在用户进行电话回访,推动用户线下交易,实现线上与线下的协同营销。

上汽集团通过采集用户数据和需求,实现电商平台个性化服务。根据享道出行的用户线上数据和上汽提供的产品服务,自动判断用户潜在需求,将用户需要的服务和商品在用户需要的时间点及时推送给用户,实现了基于用户个性化需求的汽车后市场服务,提高了用户体验品质。

数据是资产。过去我们通常只把企业自己拥有的数据看作资产,现在,随着信息技术对数据采集、传输、存储、分析等能力的不断提升,企业内部的业务数据、物联网数据,以及外部的第三方数据、社交媒体数据都可以产生价值,因此都可以看作是企业的资产。例如,汽车大数据舆情分析可以为企业在了解客户、洞察市场、竞品分析、危机处理等方面发挥作用。以网络爬虫技术对社交网站、论坛、电商、新闻网站、手机客户端等社交媒体进行实时监测,产生的数据就可以创造价值。对这一外部数据进行分析,企业就可以获得客户对自己产品及其各方面特性的评价和正负性情感,做到知悉自己的客户;也可以了解自己产品在市场中的舆论热度,以及在各网络平台获得的关注度,做到知悉自己的产品;通过掌握竞品在关注度、口碑、产品特性等方面与自己产品相比的优劣,做到知己知彼;汽车产品工况复杂,驾驶人员技术和能力参差不齐,难免出现突发事件,舆情监控和大数据智能分析对突发危机事件能做到及时获知、及时分析、及时处理,帮助汽车企业妥善处理危机。

8.1.2 汽车企业数字化转型应当实施的4个重点

大众、宝马、奥迪等全球领先的汽车企业集团在自身发展的目标上都制定了面向最终用户的数字化转型规划,将打造数字化产品、提供数字化服务定位为长期发展战略和业务转型的主要方向之一。

如果没有产品的数字化,汽车企业的数字化转型就无从谈起。但是,汽车企业要想在未来的激烈竞争中具有核心竞争力,只有产品和服务的数字化是不够的。因为如果没有业务的数字化,数字化产品就没有支撑。此外,如果没有生态,产品开发、业务开展都没有优势。而最后,不实现数据资产价值化,就无法实现产品的智能、业务的智能。因此,汽车企业应以推进"产品数字化、业务数字化、竞争优势生态化,以及数据资产价值化"为实施重点。

接下来将对数字化转型的 4 个重点逐一详细阐述。

8.2 汽车产品数字化

汽车将成为智能网联数字化产品，汽车的智能化与数字化直接相关。例如，智能驾驶的整个过程涉及数据采集、传输、分析、基于人工智能的算法和决策、决策驱动的应用。因此，智能化的本质是数字化，智能化产品就是数字化产品。

首先，汽车自身拥有车载系统及嵌入式软件。汽车也有操作系统，管理和控制着汽车的硬件资源和功能软件。车机终端可安装第三方 App，如 CarPlay、Android Auto 和 CarNet 等，更多的应用是以汽车为场景的互联网应用，如路况应用、导航 App、车内娱乐系统、打车 App、汽车服务 App 等。

其次，智能网联汽车不再是独立运行的机电产品，还涉及汽车在运行时生态圈为用户提供的各种数字化服务。例如，汽车周边的服务涉及围绕汽车的智能方案，与汽车有关的科技应用，涉及智能停车、智能车库、智能交通，代表企业有 Uber、P2P 租车等。汽车的终极智能是无人驾驶，云端调度。

大众集团的产品数字化涉及汽车的操作系统和互联、自动驾驶、智能车身和座舱，以及服务平台和出行服务。

智能化程度越高，数字化程度越高。产品数字化是企业数字化转型的重点。

本节依次陈述智慧出行、智能网联汽车架构、汽车智能驾驶、车联网平台及服务、车联网大数据及应用、广汽智能网联云生态平台。汽车企业要转型为移动出行服务商，汽车产品的数字化就要面向智慧出行,因此本节将首先介绍这一背景。在智慧出行这个大生态中,智能网联汽车由端—管—云三层架构构成,以实现其智能化和网联化。这是产品数字化的核心,将在本节中进行详细阐述。而车联网的大数据是产品数字化的产物,其应用对产品、业务、服务用户都有重要价值,也将在本节中进行介绍。最后,本节将简要介绍广汽智能网联云生态平台,并将其作为行业先进案例来诠释产品数字化。

8.2.1 智慧出行

智能网联汽车的发展将为我们提供便利、高效、安全的交通服务,极大改变我们的出行方式,同时促进智慧城市的发展。智能交通是将先进的人工智能、信息通信、传感与控制等技术应用在地面交通管理系统中,以减少交通堵塞、提高现有道路通行能力。车联网是智能交通的重要组成部分。V2X(X代表Everything,即任何事物)产生的大数据将传输到智能交通管理平台,以用于调控交通,引导车和人智慧出行,提高车辆使用效率。

如图 8-1 所示,智慧出行与单车智能、V2X、智能交通和智慧城市密切相关。

汽车互联支撑汽车更加智能化。车联网并不只是把车与车连接在一起,它还把车与行人、车与路、车与基础设施(信号灯等)、车与网络、车与云连接在一起,即 V2X。因此,车联网是一个非常庞大的体系。车联网分为车内网、车际网和车云网三个网络层级,如图 8-2 所示。车内网以提供与车相关的服务为重点,车际网以服务出行为重点,车云网则提供各种生活服务。

图 8-1 万物感知、万物互联、万物智能的智能汽车、智能交通、智能城市

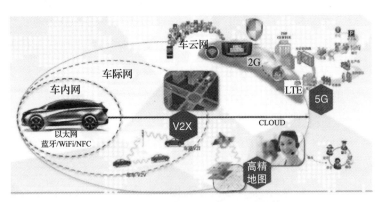

图 8-2 车联网包括车内网、车际网、车云网

V2X 通过车与车、车与设施、车与人、车与网交互等，提升了自动驾驶车辆的感知广度和深度，不仅能够提高驾驶的智能性和安全性，而且能够整体提升交通效率。V2X 与单车智能的融合，一方面使自动驾驶能力得到提升，另一方面也有效降低自动

驾驶对单车的要求和成本,从而加速自动驾驶的商用进程。

智能网联汽车将是单车智能+V2X车路协同,智能交通则是智能网联汽车+智慧交通服务。要实现智慧出行,必须在车端、路端、云端构成生态系统,在车端需要打造智能化、网联化汽车产品,在云端需要打造生态云平台。从网络上看,智能联网汽车是一个"端—管—云"三层体系。

第一层:端系统

在车端,通过智能驾驶、智能座舱、整车智能控制实现自动驾驶和车路协同。端是智能终端,是车联网平台主要的数据来源。端系统是汽车的智能传感器,负责采集与获取车辆的智能信息,感知行车状态与环境,也是具有车内通信、车与车之间通信、车与网络通信的泛在通信终端。

第二层:管系统

管是通信基础设施,提供连接和数据传输。在管端,通过车与车、车与路、车与网、车与人等的互联互通,实现车辆自组网及多种异构网络之间的通信与漫游。5G技术的产生,依托其低时延、大带宽、高可靠性的特点,为车联网应用场景开拓了新思路,也使得车联网与自动驾驶融合成为必然趋势。5G助推智能网联向"单车智能+车路协同"演进。

第三层:云系统

云是车联网云服务平台,也是信息交换中心。在云端,车联网的云平台提供救援服务、道路服务、内容服务、保险服务、第三方服务以及云端的云生态里的各种各样的服务。车联网是一个云架构的车辆运行信息平台,是多源海量信息的汇聚,其应用系统是围绕车辆的数据汇聚、计算、调度、监控、管理与应用的复合体系。云服务平台为联网的汽车提供远程的海量存储、计算等数据处理能力。

此外，以车联网生态圈为基础，通过将车辆接入智慧城市系统实现智能交通等。智能网联汽车将成为智能交通的核心部分。

8.2.2 智能网联汽车架构

智能交通的实现，有赖于智能驾驶、5G、V2X等智能网联技术。智能驾驶技术是通往未来出行的关键技术，单车智能是焦点。但单车智能面临诸多挑战。首先，成本高，以激光雷达为代表的传感器费用可占单车成本30%以上；其次，车内信息无法与其他车、人、路交互，成为孤岛；最后，多数传感器并不能全天候工作，当遇到雨雪天气，探测距离急剧缩短，安全隐患增大。如果L5级无人驾驶完全依赖于单车智能，将对感知、决策和控制提出极高要求，技术难度和成本也显著增加。

车联网是实现智能网联汽车的重要技术之一。如果车与车、车与路、车与云服务等及时通信协商，不仅智能驾驶难度会降低，而且驾驶将会更安全，交通效率也会更高。基于车联网的车路协同可大大弥补单车智能感知和决策上的不足，推动自动驾驶早日落地。

智能网联汽车是指车联网与智能汽车的深入融合，是搭载先进的车载传感器、控制器、执行器等装置，并融合现代通信与网络技术，实现车与人、车、路、后台等智能信息交换共享，实现安全、舒适、节能、高效行驶，并最终可替代人工操作的新一代汽车。

一个完整的智能网联汽车架构由智能驾驶汽车、车联网云服务平台、车主移动应用、车联网大数据平台等组成，如图8-3所示。

第8章 汽车企业数字化转型实施重点

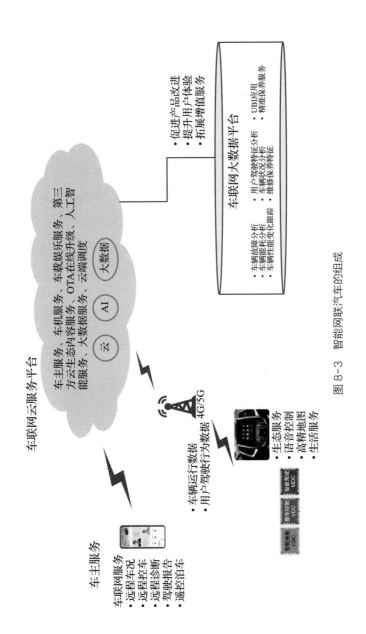

图8-3 智能网联汽车的组成

8.2.3 智能驾驶汽车

通过不断集成信息和通信技术的发展成果,汽车的智能化程度越来越高。智能化不再是为汽车锦上添花,而是成为打造汽车核心竞争力不可或缺的一部分。

今天的智能网联汽车越来越依赖于其产品内的软件和产品外的服务平台。功能和性能越来越依赖于软件而非硬件,因为升级软件即可给汽车带来新的功能。在不更换硬件的条件下,实现功能、性能、体验的持续迭代更新,软件的不断升级使汽车常用常新。"软件定义汽车"产品以软件和数据作为业务的核心和驱动力。

车端智能通过软件定义来实现。在智能驾驶、智能座舱、整车控制等方面,通过电子电气架构、操作系统、核心算法、嵌入式软件、车载应用软件等方面的软件定义,实现车端智能,如图 8-4 所示。

图 8-4 车端智能由智能驾驶、智能座舱、整车控制实现

第8章 汽车企业数字化转型实施重点

软件定义汽车的核心是软件定义硬件，硬件成为共享资源，软件按需调用硬件，所以首先要软硬解耦，以统一的架构和平台打造统一的开发环境。智能网联汽车的整车控制以集中式 EE 架构、中央计算、软硬解耦、通信来实现，而要实现高效的车内数据传输及车与外界的通信，需要更先进的电子电气架构和更快、更好的汽车总线技术。随着 5G、DSRC、RFID 等移动通信技术的应用，未来的汽车必定会变得更高效、更智能、更安全。

1. 智能驾驶

智能汽车的智能化程度越来越高，终极目标是完全的自动驾驶。美国汽车工程师学会（SAE）将自动驾驶技术分为 L0~L5 六级，即无自动化（完全人类驾驶）、驾驶支持（机器辅助驾驶）、部分自动化（部分自动驾驶）、有条件自动化（有条件自动驾驶）、高度自动化（高度自动驾驶）和完全自动化（完全自动驾驶），详见表 8-1。

表 8-1 SAE 自动驾驶分级

分级	L0	L1	L2	L3	L4	L5
称呼（SAE）	无自动化	驾驶支持	部分自动化	有条件自动化	高度自动化	完全自动化
SAE 定义	由人类驾驶者全权驾驶汽车，在行驶过程中可以得到警告	通过驾驶环境对方向盘和加速减速中的一项操作提供支持，其余由人类操作	通过驾驶环境对方向盘和加速减速中的多项操作提供支持，其余由人类操作	由无人驾驶系统完成所有的驾驶操作，根据系统要求，人类提供适当的应答	由无人驾驶系统完成所有的驾驶操作，根据系统要求，人类不一定提供所有的应答。限定道路和环境条件	由无人驾驶系统完成所有的驾驶操作，可能的情况下，人类接管，不限定道路和环境条件

（续）

分级		L0	L1	L2	L3	L4	L5
主体	驾驶操作	人类驾驶者	人类驾驶者/系统	系统			
	周边监控	人类驾驶者			系统		
	支援	人类驾驶者				系统	
	系统作用域	无	限定场景				所有场景

2020年3月10日，工业和信息化部发布了《汽车驾驶自动化分级》国家标准，将驾驶自动化分成0~5级，共6个等级。

（1）0级驾驶自动化（应急辅助）

系统具备持续执行部分目标和事件探测与响应的能力，当驾驶员请求驾驶自动化系统退出时，能够立即解除系统控制权。

（2）1级驾驶自动化（部分驾驶辅助）

系统具备与车辆横向或纵向运动控制相适应的部分目标和事件探测与响应的能力，能够持续执行动态驾驶任务中的车辆横向或纵向运动控制。

（3）2级驾驶自动化（组合驾驶辅助）

系统具备与车辆横向和纵向运动控制相适应的部分目标和事件探测与响应的能力，能够持续执行动态驾驶任务中的车辆横向和纵向运动控制。

（4）3级驾驶自动化（有条件自动驾驶）

系统在其设计运行条件内能够持续执行全部动态驾驶任务。

(5)4级驾驶自动化(高度自动驾驶)

系统在其设计运行条件内能够持续执行全部动态驾驶任务和执行动态驾驶任务接管。

(6)5级驾驶自动化(完全自动驾驶)

系统在任何可行驶条件下持续执行全部动态驾驶任务和执行动态驾驶任务接管。

总体上,《汽车驾驶自动化分级》与现有SAE的分级相似度非常高,同样将自动驾驶分为L0~L5共6个等级,两者仅在命名和部分细节上存在微小差异。

目前L2级智能驾驶功能进入普及期、L3级智能驾驶功能处于量产前夕,L4～L5级智能驾驶功能预计需要5～10年才能实现量产落地。

以人工智能技术为核心的智能驾驶系统通过车辆传感信息、联网信息进行智能决策,通过执行机构实现自动驾驶。汽车的各项智能化功能都是通过感知、分析、决策、执行四个步骤完成的,如图8-5所示。

智能驾驶用到的雷达、摄像头等传感器用来对车辆周围环境进行感知,包括车道线识别、交通灯识别、障碍物测距、可行驶区域识别等。感知也包括智能座舱中对乘员的监控,即对乘员的手势识别、唇语识别、情感识别、健康监控。

感知采集的数据在汽车"大脑"——域控制器中进行分析,做出决策,并通过软件驱动执行机构,实现智能驾驶。

决策规划包括场景理解、行为决策、轨迹规划等。决策规划依赖于感知、高精度地图和高精度定位提供的信息,将车辆运动轨迹输出到控制执行模块,为驾驶方案提供信息支持。

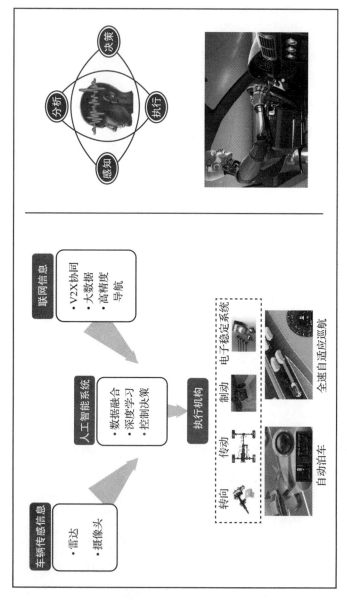

图 8-5 智能驾驶感知、分析、决策、执行四个步骤在车辆控制上的实现

控制执行包括横纵向控制、动力学建模、状态估计、拟人化控制，以实现智能驾驶功能，包括车道保持、自适应巡航、自动泊车、自动紧急刹车等。

特斯拉的自动驾驶系统 Autopilot 是目前最重要的汽车应用软件。传统车与智能汽车的最大区别在于驾驶系统。特斯拉 Autopilot 行驶里程超过 20 亿公里，远超其他竞争对手。目前主流智能汽车主要配备辅助驾驶系统，尚无企业实现完全自动驾驶系统。

2. 数字座舱

数字座舱即智能座舱。用户对车的感受、功能和性能的体验都是通过座舱实现的，这直接决定了消费者对车的体验感受，因此智能座舱是 OEM（主机厂）的核心竞争力。

汽车传统座舱是以机械按键、旋钮为主，整体信息显示简单。智能座舱的典型功能十分丰富，有全液晶仪表、车联网、IVI（车载娱乐系统）、ADAS（高级驾驶辅助系统）、语音识别、手势识别、AR、AI、全息、智能座椅、驾驶员监控、透明 A 柱、HUD（抬头显示）技术、电子外后视镜、指纹识别、智能氛围灯等。

智能座舱的功能大致可分为功能执行、感知与输入、信息输出。

"智能"是通过功能特性来体现的，汽车具备了"功能"，才能有效提升用户体验。比如具备了识别驾驶员身份的功能，就可以基于此功能为不同的驾驶员提供个性化的驾驶参数以及基于参数的定制化设置。

多样的功能是智能座舱的基础。要触发功能，感知与输入是必不可少的。应用摄像头、眼动仪、指纹识别器等，使得车辆具备身份识别、疲劳检测、手势识别等感知能力，从而使得功能的触发体验比传统的按钮式座舱更好。

一辆传统汽车的舒适性在车的人机工程、空间设计和NVH等方面设计完成后就确定了。而软件定义汽车，能对智能座舱实现千人千面、千车千面的个性化体验。例如：一辆私家车，家庭成员用车时座椅、方向盘、后视镜等设置一般不同，这样的个性化设置应该能够自动调整；而信息娱乐的内容推送则应该通过用户画像提供个性化的内容，做到千人千面。这将是智能座舱发展方向。

智能座舱通过将独立的硬件、软件、功能等进行打通、整合、统一，最终形成一个系统的、整体的、综合性的体验产品。基于智能座舱软硬件平台，融合数字化显示技术、情感化互助技术、多模态人机界面设计、人性化车联网服务等多种技术，打造出高性能数字座舱，才能为用户提供超出期待的数字化产品。

3. 整车控制和OTA

特斯拉采取了集中式的电子电气架构，自主研发了底层操作系统，并使用中央控制器对不同的域控制器和ECU进行统一管理，就可以通过系统升级持续改进车辆功能。特斯拉的电子电气架构与个人电脑（PC）和智能手机非常相似，OTA功能可以像智能手机的软件版本升级一样进行整车系统升级，从而持续给用户带来新的功能、内容和体验。软件升级持续提供车辆交付后的运营和服务，在一定程度上实现了传统4S店的功能。

此外，只有软件主导的产品才能实现持续升级、自我学习、不断完善。

8.2.4 车联网平台及服务

车联网平台连接车辆、用户、云生态平台，构成智能网联汽车生态。车联网平台包含四部分：车载主机（车机终端）、车载 T-BOX（Telematics BOX）、手机 App，以及由车联网云服务平台和车联网大数据平台组成的后台系统。车载主机主要用于车内的影音娱乐和车辆信息显示；车载 T-BOX 主要用于与后台系统/手机 App 通信，实现手机 App 的车辆信息显示与控制。在用户通过手机端 App 发送控制命令后，车联网云服务平台向车载 T-BOX 发出监控请求指令，车辆在获取到控制命令后，通过 CAN 总线实现对车辆的控制。这个功能使用户可以远程控制汽车，如启动发动机、打开空调、调整座椅等。T-BOX 又称 TCU（车联网控制单元），简单来说，就是安装在汽车上用于控制和监控汽车状态的嵌入式计算机。

车联网应用端有车机终端和用户手机终端，云端提供车联网云服务和生态的各种内容服务，同时为多屏提供服务，包括手机屏、车载终端及电脑屏等，使我们能实现车联网提供的远程控制，获取各种娱乐信息以及方方面面基于生态的车生活服务。后台是车联网大数据平台。车联网大数据包括驾驶行为数据、信息娱乐数据、车辆状态数据等丰富的数据源，为产品优化、智能服务、用户体验优化提供极有价值的依据。

1. 车联网云平台及服务

智能网联云平台是智能网联汽车的基础，是实现汽车新"四化"的重要前提。云端智能由车联网云平台提供服务，主要包括对汽车软件的 OTA、车机终端、车主 App 的服务。

云端服务首先是 OTA 功能的服务，包括软件的发布和升级，为此，需要在云平台为每一辆车建立数字镜像，即孪生建模，并管理每辆车的所有软件状态。云平台同时提供对软件产品的发布、使用和智能推荐的管理。

OTA 是实现软件定义汽车的关键技术，涉及 OTA 云端和车端系统、信息安全、CAN 网络技术、以太网技术。通过在管理平台发布远程软件升级、车辆联网在线下载更新软件，实现车辆嵌入式芯片自升级、CAN 网络控制器软件更新、以太网控制器软件更新。

2019 年，特斯拉 Autopilot 自动辅助驾驶定价 3000 美元，完全自动驾驶定价 5000 美元。随着辅助驾驶功能的不断提升与完善，FSD（完全自动驾驶）软件包的解锁费用也越涨越高，2019 年 5 月从最初的 5000 美元增至 6000 美元，同年 11 月增至 7000 美元，2020 年 6 月增至 8000 美元，本书写作时的最新价格为 1 万美元。

对于零售价不足 4 万美元的特斯拉 Model 3 来说，买软件包的价钱已经占到车价的 1/4。马斯克在一条推文中说："我们离完全自动驾驶越近，FSD 软件包的售价就会越高。要我说，FSD 软件包的价值甚至超过 10 万美元（实现自动驾驶的特斯拉汽车可用于租车赚钱）。"除了辅助驾驶软件包以外，各种功能包都在等着用户的付费解锁：花 300 美元可以解锁座椅加热功能，花 2000 美元可以提升百公里加速性能，每个月支付 10 美元的流量费可以免费使用流量。截至 2020 年，特斯拉仅 FSD 的累计现金收入就已达到 12.6 亿美元，车主的整体激活率超 25%。预计 2025 年时 FSD 的收入将接近 70 亿美元，占特斯拉汽车业务营收的 9%，贡献 25% 的汽车业务毛利。

车云网使汽车企业能够通过车联网云平台采集用户应用行为数据，并结合地理位置等信息，借助云计算、大数据等前沿技术，进行"千人千面"的个性化内容推荐，以提升用户体验，增加用户黏性。车云网也能使汽车企业与云平台供应商共同打造车联网生态，把云计算的各种服务能力及生态赋予传统车企，提供给网联汽车，如提供出行、生活类的各种服务。

2. 车联网服务

云服务平台还为车主 App 和车机终端提供服务。随着车联网技术的发展，越来越多的功能得以实现。

车主 App 车联网服务包括远程车况监控、远程控车、远程诊断、驾驶报告、遥控泊车。

车机终端车联网服务包括道路救援、语音控制、在线导航、CarLife、CarPlay、OTA 升级等功能，以及实时车辆状况监控、生态服务、语音控制、高精地图、生活服务等。

如图 8-6 所示，车联网平台实际上将人（车主）、车、主机厂及其服务三者联系起来了。车主与车的互联使车主可以通过移动 App 查询车况和远程控制车辆；车主与服务的互联使车主可以获得行程分析的服务；服务和车的互联使车可以自动得到服务平台根据车所要行驶路线提供的实时路况信息。

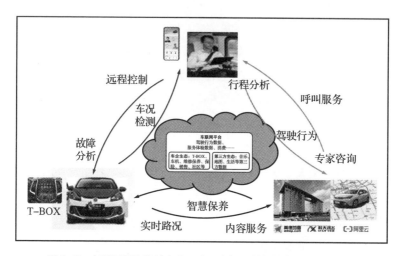

图 8-6　车联网平台连接车主、车、主机厂并提供丰富的生态服务

电动汽车的电池管理系统（BMS）实现对电池健康状态的远程实时监控。电池技术直接关系到用户关心的续航里程、充电时长等问题，对电池状态的远程实时监控可以消除用户的里程焦虑，还可以防止电池着火自燃等导致的严重安全问题。

随着通信技术的不断发展，车联网从关注车（车辆信息的读取与控制）、关注人（个性化信息娱乐）到关注人—车—路协同，为最终实现自动驾驶和智慧交通提供技术支撑。

车联网的应用将从信息服务向辅助驾驶、自动驾驶的方向发展。辅助驾驶提供安全和效率服务，包括紧急刹车、危险提示、交通灯提醒、交叉路口碰撞预警等；自动驾驶实现协同智能，包括车辆编队、高级驾驶、远程驾驶等。

越是高阶的车联网服务，汽车企业越重视保障数据的安全和运营的主动权，因此，汽车企业都开始自建智能网联云平台。

在数字化服务方面，车联网服务不仅能满足用户对功能的需求，还能满足用户对体验、情感的需求，包括提供"助手式"的即时个性化服务。未来，服务体验的重要性将超越车本身的驾驶体验。

但车联网服务对网络的依赖较高。在3G、4G网络下，座舱主要通过展示行车参数、驾驶辅助信息、导航、信息娱乐、通信几个方面来满足用户需求。由于实时性差、更新慢、导航不准等问题，用户多倾向于使用手机导航。一些领先企业（如斑马汽车）的深度定制导航大大提升了体验，使用户在车内80%的情况使用的是车机而非手机。信息娱乐目前以音乐、收音机为主，功能比较单一。在5G逐渐普及以后，数字化服务将可以提供更加丰富的内容，例如汽车O2O服务/在线交易、智能家居及多设备互联同步、车载在线支付、P2P共享、结合兴趣点的定制化地图、更加丰富的信息服务及娱乐方式。这些丰富的服务内容让车的使用更加方便、高效。

8.2.5 车联网大数据及应用

车联网是汽车企业连接汽车产品的桥梁。车联网数据包括车辆性能数据、驾驶行为数据、信息娱乐数据等反映汽车运行、驾驶行为、汽车所处环境等极具研究价值的信息。车联网数据无疑是汽车企业的核心资产。

例如：通过车辆远程监控平台进行车辆在线监控、车辆出行分析、电池数据分析、报警数据分析，就能实现故障前、故障时、故障后的预警、报警与主动服务。

1. 车联网大数据

车联网大数据采集来自车、驾乘人员、环境等的数据，就能形成车联网全景图，是自动驾驶、产品力提升、数字化服务的基础。

车联网的数据主要来自传感器。现在的网联汽车拥有60～100个传感器。随着智能化的提升，传感器会越来越多。传感器既用于感知外部环境，也监测车的状态信息。外部环境数据包括摄像头监测的路面路况、防碰撞的传感器信息等，汽车状态数据包括对很多零部件（如空调、音响、摄像头、发动机、轮胎等）的监测信息。例如，安装了传感器的轮胎，就可以采集胎压数据，监控轮胎的状态。

汽车在运行时的数据非常重要，可以采集的数据也很多，例如以下几类常见的数据。

- ❏ **整车数据**：车辆状态、运行模式、车速、里程、挡位、空调、胎压及位置数据等。位置数据可以详细到定位状态、经纬度、速度、方向、海拔高度等。
- ❏ **发动机的数据**：发动机状态、曲轴转速、燃料消耗率等。
- ❏ **新能源汽车电机、电池数据**：电机状态、电机转速、电机转矩、电机温度、电池电压、电池电流、消耗率、充电状态等。
- ❏ **故障报警数据**：温度异常、电压异常、电机故障、发动机故障等，这些故障数据对分析故障原因至关重要。
- **用户行为数据**：个性化服务的基础信息。汽车企业通过分析用户驾驶行为，例如对登录、访问内容、访问时间、点击行为、注册资料等的分析，能为优化汽车产品、提供更个性化的应用服务做好决策支撑。

通过"车内网"将车内各个部件的数据传输给车的"神经中枢"，再汇集到云端，通过对汽车数据的分析、应用、再分析、再应用，就会推动汽车智能不断向前演进。

2. 车联网大数据应用

车联网大数据具有广阔的应用前景。其应用可以促进产品不断优化改进，提升用户体验，拓展增值服务，主要用途如下。

- **促进产品改进**：对用户驾驶行为、驾驶场景、用车行为、车辆自动驾驶等数据进行分析和挖掘，促进自动驾驶、智能网联、底盘系统、新能源、动力总成、整车性能等的研发。对车辆故障、车辆能耗、车辆性能变化跟踪的数据进行深度分析，对提升产品质量、提高产品性能十分有效。对车辆使用量和各功能进行分析，就能洞悉车辆最常用的功能是什么，最少用的功能是什么，以优化产品。
- **提升用户体验**：对用户驾驶特征、车辆状况、维修保养特征等进行分析，在必要的时刻提醒用户进行车辆保养，提供对应服务，提升用车体验。
- **拓展增值业务**：例如UBI（基于使用的保险）应用、精准保养服务、服务信息推送、大数据产品服务等。

从另一个维度来看，基于车联网数据，可以对人、车、人—

车—路协同和智慧出行提供智能化服务。

（1）对人

1）基于车主用车行为（驾驶里程、驾驶时间、能耗数据），构建驾驶行为评价体系，设计评价模型，提供个性化的维保服务和驾驶建议。

2）基于使用量的汽车保险：基于具体驾驶习惯和风险的保险责任范围。

3）智能推荐：基于用户画像、场景识别、情绪感知的基础属性、行为属性、偏好属性、时间、地点、环境等数据、智能服务推荐美食、车路协同服务、情感交流、AI车辆健康管理、车联网创新保险等。

4）安全性和辅助驾驶：告知司机有关安全危险和事故等信息。

（2）对车

1）实现车辆健康管理，基于车联网大数据的故障码、驾驶风格、关键数据流，进行油耗分析、车辆状态监控、驾驶行为分析，提供车辆状态监控、故障预测性诊断、故障精确诊断。

2）先进的车辆诊断：提供车辆健康和性能的实时视图。

3）预测性维护：基于车辆使用情况的维护建议和分析。

（3）对人—车—路协同和智慧出行

根据对车辆数据、驾驶数据、环境数据等基础数据的挖掘分析，进行建模、决策，应用于服务网点选址、预测性维保、绿色出行、智慧交通、安全出行、车路协同等。

8.2.6 广汽智能网联云生态平台

广汽是国内较早开展车联网平台建设和应用的汽车企业。2013年广汽研究院与钛马合作,率先推出第一代车联网远程控制服务——智慧传祺。与各家汽车企业的传统车联网对比,广汽传祺在远程控制服务上占据优势。广汽打造了自主T-BOX,构建了CAN网络架构,可以实现更多远控服务,引领了第一代车联网服务。时至今日,广汽的车辆远程控制效率仍然在业内领先。

ADiGO(智驾互联)生态系统是由广汽集团自主研发,腾讯、华为等多个战略合作伙伴支持,集自动驾驶、智能物联、智能工厂生态于一体的智驾互联生态系统,包括自动驾驶系统、智能物联系统、云平台、大数据平台等子系统,如图8-7所示。

图8-7 广汽智能网联生态系统

作为广汽集团在5G时代的科技落地成果,ADiGO生态系统融合了大数据、人工智能等前沿技术。系统基于用户驾驶行为和使用场景,重新定义信息框架,让驾驶更安全。例如,搭载了 ADiGO 自动驾驶系统的广汽埃安 Aion LX 能实现 L2、L2++、L3 级自动驾驶，共有 23 个自动驾驶传感器，包括 5 个毫米波雷达、12 个超声波传感器、4 个全景摄像头、1 个智能前视摄像头以及 1 个驾驶员疲劳监测摄像头。Aion LX 选用的 Mobileye Q4 芯片让车辆对身处路况的感知能更为强大，让驾驶员放心将方向盘交给自动驾驶系统。应用百度的高精度地图，自动驾驶系统能准确获取车道级别信息（包括车辆当前位置信息、限速、车道、车道级别路径信息、曲率/坡度等），预判前方 1 公里路况，提前规划好最优行车路线。

该系统对于广汽集团及汽车行业具有重要意义：在战略层面，为广汽向移动出行服务商战略转型提供了重要支撑，在"汽车+互联网"探索上迈出坚实的一步；在技术层面，代表了广汽对智能网联技术重构汽车产业价值链的前瞻性思考，将引领广汽智驾互联技术的进步。

8.3 汽车企业业务数字化

汽车企业业务的数字化贯穿研发、制造、供应链、营销、服务等全价值链。

数字化不仅对于传统的业务有提升，还带来了业务模式的创新运营。此外，一系列以服务为核心的新型业务也将成为企业的新增长点。因此，业务数字化体现在以下三个方面。

❑ 传统业务提升：移动互联网、仿真和 AR/VR 等虚拟技术、大数据和人工智能等数字化技术在传统业务中的应用带来的提升。

- 业务模式创新运营：基于数字化平台的业务模式对研发模式、制造模式、供应链模式进行数字化重构，如个性化定制新模式。
- 数字化服务及新型业务：UBI 保险、Magic Box、RoboTaxi（城市无人驾驶出租车）、网约车业务、汽车共享业务。

8.3.1　数字化技术应用与业务提升

数字化技术在汽车企业得到广泛深入的应用。汽车企业应用的数字化技术主要有仿真技术、云计算、大数据、人工智能、移动互联网、物联网、通信技术（5G）、区块链等。其中，业务数字化应用的技术有仿真、高性能计算、AR/VR、云计算、大数据、移动应用等技术，而产品数字化应用的技术有人工智能、软件技术、车联网技术。

AR/VR 技术让人们获得超越现实的真实体验，再一次冲击着人们的想象空间；人工智能、机器学习技术赋予机器智慧。5G 技术、大数据技术使得采集和处理实时数据成为可能，而移动互联网则为实时数据的展示提供了手段。

基于三维数模的设计、仿真、制造早已在汽车行业得到广泛应用。其中以 PDM 系统、ERP 系统为主的协同平台和高性能计算集群（HPC）为主的计算平台也已在研发制造中发挥重要作用。在企业数字化转型进程中，这些数字化技术还将是支撑汽车研发制造不可或缺的数字化能力，同时已积累了非常多的参考资料，本书将不再赘述。本节只简要介绍仿真技术、AR/VR 技术、大数据技术、人工智能技术的应用。

1. 仿真技术的应用

计算机仿真技术在汽车研发过程中已经得到非常广泛的应用，取代了大量物理试验。汽车的研发过程需要通过试验或仿真来验证汽车设计的合理性。随着智能驾驶级别的提升，越来越多的无人驾驶场景需要验证。不同于传统汽车可以按照里程来验证设计的可靠性，无人驾驶汽车设计的合理性主要看自动驾驶系统是否能够应对各种驾驶场景。这种场景下的验证与里程无关，而与自动驾驶系统的计算模型相关。因此，仿真技术在自动驾驶的验证上发挥着非常重要的作用。

汽车产品技术博大精深，由于工况复杂，它是个人拥有的产品中唯一需要许可证的产品。而汽车的智能网联化更是使汽车的应用场景充满无限可能。

兰德公司的研究表明：要证明无人驾驶更安全，需要在各种交通环境下用 100 辆车，全天 24 小时连续测试 225 年（见图 8-8）！

图 8-8　无人驾驶汽车仿真平台

因此，智能网联汽车的设计验证需要通过仿真来完成。
自动驾驶的三大主要应用场景如下。

- **高速公路行驶**：高速公路道路环境相对封闭/稳定、行驶占据一半以上驾驶总时间，引入自动驾驶可缓解疲劳。
- **自动代客泊车**：停车位资源紧张，停车取车难、耗时多，引入自动驾驶可节约时间和缓解停车困难。
- **物流低速运输**：封闭园区、港口、矿场及工厂等按照固定路线进行低速物流运输，引入自动驾驶能节约人力成本。

2. AR/VR 技术的应用

在前面已经介绍过，信息技术与产品和业务的融合可以分为三个阶段：辅助、支撑、支配。AR/VR 技术在业务数字化方面，很多应用已经进入支撑阶段。

AR/VR 技术已经嵌入产品或业务活动中了，正在发挥越来越重要的作用。图 8-9 展示了 AR/VR 技术在汽车研发中的几个典型应用场景。AR/VR 技术进行虚实融合，提升产品感知和品质，比如质量感知验证、车身感官品质等，同时为用户提供更好的体验，包括虚拟展厅、数字平台、移动 App、车载多媒体等多样化的用户体验。

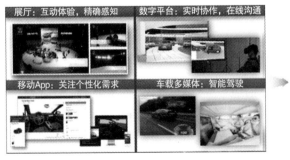

图 8-9　VR 和 AR 技术的应用

以 VR 技术为核心、移动 App 等技术为辅助，基于三维数模与数据建立数字化体验平台。数字化体验平台对业务的支持包括：

❑ 不同地域的用户、供应商、合作伙伴、设计中心通过 VR 终端同时参与设计评审；
❑ 用 VR 数字化样车替代物理样车进行沉浸式设计，为设计人员节约开发时间，提高效率；
❑ 辅助用户在用车过程中的驾驶／维修。

其应用价值包括减少设计沟通成本，提高研发效率，优化用户用车体验，满足用户个性化定制需求。

3. 人工智能技术的应用

人工智能在自动驾驶、智能交互、汽车设计、汽车制造、汽车供应链、汽车销售、汽车服务中都有重要的应用。

供应链管理是大数据和人工智能赋能的一个重要领域，通过大数据和人工智能优化物流，不仅可以提高配送效率、提升用户满意度，还能节省物流成本。

整车物流是实现商品车价值的重要组成部分，是影响用户提货时效的重要因素。整车物流要在满足用户期望的交货时间、交货地点等要求下将整车高效送达，是评价物流优劣的关键指标。

整车从工厂生产出来，通过多家物流公司组成的物流网络运送到各地的中间仓库、4S 店中。在途和在库的车辆形成了车辆库存，占用了大量资金。所以，整车物流是一个资本密集型的行业。由于购车用户分散在全国各地，市场信息瞬息万变，传统靠人工＋电子表格管理的路线方案显然是不足以做到每一辆车都有最优运输路线、最短库存时间的。更长的物流时间、不必要的库存调拨，也就意味着更多的资金占用。通过数据技术，将用户的需求与车辆的供给进行动态智能匹配，计算出最佳的货运路线，就可以大幅压缩平均货运时间，大量减少库存资金占用。大数据和人工智能技术是规划最高效物流方案的关键技术。

8.3.2 业务模式创新运营

数字化运营平台支撑业务从物理世界向数字世界升迁，实现业务数字化运营的模式创新。

一项业务的开展往往涉及多个步骤、众多的参与人员，还需要应用多方来源的数据。以数字化运营平台开展这类复杂业务，比起对业务应用单一数字化技术有更大的价值。

数字化运营平台直达用户，汽车企业可以通过平台了解用户需求，为用户提供个性化定制的产品和各种服务。比如上汽大通的数字化研发、长安汽车的OTD、广汽的数字化营销等，都是数字化业务平台化的好的开端。本节将对这三个案例从模式变革、平台特征和应用原理、价值创造等方面进行简要介绍。

1. 数字化研发——以用户为中心的设计

汽车产品集成最新科技成果，为用户提供新功能、新体验，但一款集成了众多科技的顶级产品如果得不到用户的认可，也不是一款成功的产品。因此，汽车企业从研发开始就要以用户为中心，从用户的认知出发，设计出他们需要的产品。

上汽大通打造了面向用户的数字化运营平台，如图8-10所

图8-10 上汽大通打造数字化运营平台，用户参与设计、定价

示。平台在整个价值链上，通过与用户进行数字化直连，让用户与主机厂进行互动，然后进行决策，将选择权利还给用户，以此来满足用户高质量的互动体验以及个性化的需求。上汽大通创造的 C2B 模式使其成为全球首家 C2B 智能定制汽车企业。

平台的整体架构包括数字化研发体系、数字化制造体系、数字化营销体系、数字化用户运营体系，以及底层的工业互联网大数据平台。

传统的整车企业基本上都是关起门来做研发，而上汽大通通过数字化平台引入更多的社会资源。上汽大通把一些任务发布给供应商、社会上的资源，如独立的自由职业者、大学生、有经验的设计师等。通过发布任务，做众包和外包的设计，把用户拉到新产品开发和产品迭代过程中，同时把验证的任务留在企业内部，通过数字化平台形成闭环。上汽大通平台积累了 4400 多份粉丝创作的设计，8.5 万条设计建议。

在数字化用户运营方面，上汽大通有一个自媒体平台称作"我行"。2020 年，我行已经积累了 2 亿多条用户数据，用户标签达 5000 万个，全网粉丝量达 400 万。粉丝通过了解产生兴趣，然后体验，再开始咨询和使用，每个环节都有相关的数字平台支撑，形成用户全触点交互，然后进行数据采集和标签化处理。在不同阶段，依据针对性的因素进行内部关怀，使潜客转化率不断提升。

上汽大通的 C2B 模式本质上就是用户驱动企业。自 C2B 模式在 2017 年确立以来，上汽 MAXUS 的销量稳定增长。数字化赋能业务创造了价值。

2. 数字化制造——按订单生产的个性化定制

为满足用户个性化需求，越来越多的汽车企业开始推进个性化定制生产。个性化定制是汽车企业完全按照客户订单的定制要求进行生产。不同于通常的量产生产方式，个性化定制将客户订单作为拉动整个制造系统的需求输入。客户在数字化平台上可以根据选定的参考车型，选择自己喜欢的内饰、配置和颜色等数字化平台上提供的选项。汽车企业将按照提交的个性化订单安排生产并以最快的速度将汽车送达用户。

OTD，即从订单到交付，是指从用户下订单开始到车辆交付给用户之间的所有流程和步骤。针对最终用户的 OTD 时间包括用户订单、经销商订单、生产计划、生产装配、整车物流共 5 个环节。从价值链角度，零部件、工厂、物流公司、经销商等的库存意味着数额巨大的资金积压。缩短 OTD 时间可以压缩各类库存，减少资金占用，而这就是在降低车辆成本、降低库存成本、增加利润。

在整车供应链中涉及多个角色：用户、经销商、整车与零部件物流公司、生产工厂等。这些角色属于不同的主体，业务数据在不同的系统中流转，管理难度很高。

长安汽车个性化定制项目以大幅降低成本为目标，建立以拉式管理为中心的管理体系，保证业务协同、系统高效，提高管理精度，以满足客户的多样化需求。

长安汽车实施 OTD（见图 8-11），自 2011 年开始在重庆渝北轿车工厂试点导入、经历了管理导入、全过程透明、生产模式变革及复制推广三个阶段。

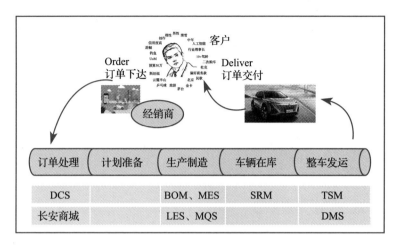

图 8-11　长安汽车 OTD 流程及涉及的信息系统

- 在管理导入阶段,引入了 OTD 管理信念,开展全过程调研及评估,设计长安 OTD 主体架构及改善提案;
- 在全过程透明阶段,将五大业务环节过程透明化,精益制造过程,建立订单管控机制,快速改善生产过程,按订单理念改造制造过程中的各类基础设施;
- 在生产模式变革及复制推广阶段,细化计划模型,建立产销协同机制,实施按订单生产方式,建立批量个性化生产体系,向其他基地推广。

长安汽车 OTD 项目始于重庆渝北轿车工厂,先后在轿车基地(北京、合肥)、微车基地(鱼嘴)推广复制,形成集团化管控的 OTD 管控体系。经过 OTD 系统的实施和持续改善,渝北生产基地逐年递减 5 亿成品车资金占用,已经显现出明显的效益价值。

2016年4月，CS15个性化定制已在长安商城开单运营，首期推出6个定制服务包，组合方式超过1万种。与传统改装不同，长安的定制是从设计生产的源头开始，从下单到提车只需要一个月。

随着智能制造能力的不断提升，OTD在个性化选择组合数量提升、总时长减少、单车成本降低等方面都将得到改善。

3. 数字化营销——以"主机厂－销售店－客户金三角"平台提供数字化营销服务

营销的本质在于创造卓越的客户价值，这决定了客户必然是营销关系的核心。数字化时代，客户成为价值创造参与者而不只是消费者，客户、销售店和主机厂成为更紧密的共生体。数字化技术（连接、数据智能）为构建营销金三角提供了可能。

在营销金三角中客户可以获得销售店（4S店）可靠、专业的产品交付和售后服务；而销售店可获得品牌背书，快速建立用户信任，并获得主机厂多方面、多层次的支持；主机厂则实现销售模式的创新，从过去以线下加盟经销商为主的销售模式转变为线上线下双触点模式，主机厂也将直接参与客户沟通，并运营客户社群。

如图8-12所示，广汽数字化营销平台连接客户，通过前端在线化、后端数据化，构建主机厂、销售店、客户营销金三角，通过建设数字化营销平台，丰富客户购车过程中的数字接触点，搭建线上线下协同的营销体系，以更低成本、更高效率获取客户，从而实现从传统广告宣传及销售到精准营销。

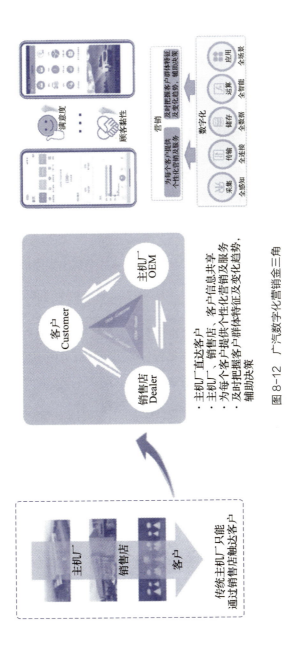

图8-12 广汽数字化营销金三角

广汽数字化营销平台整合线上线下渠道,通过统一的线索管理,增强引流能力,实现精准营销,建立多元化触点,实现线上线下全流程无缝的客户体验。

8.3.3 数字化服务及新型业务

汽车企业通过车联网连接产品,通过服务平台连接用户,正在形成"以用户为中心"的新生态,并衍生出一系列新业务。

1. 数字化服务

汽车企业的最终使命是为用户提供具有丰富车生活的移动出行服务。在无人驾驶实现之前,汽车企业的数字化服务主要体现在打造用户购车、用车全过程的服务体系,并通过建设数字化平台,利用线下线上协同和智能化技术,大幅提升服务能力。

在购车方面,提供数字化平台,使用户可以方便地进行个性化选配、跟踪车辆物流、申请购车贷款、购买车辆保险等;在用车方面,为用户出行提供加油、充电、维保、停车等各类车生活服务。

不管是造车新势力,还是传统汽车企业,都越来越重视数字化服务。

在造车新势力中,蔚来汽车致力于为用户创造愉悦的生活方式而打造数字化用户企业。通过高品质的产品与服务,蔚来汽车期望为用户提供超越期待的全程体验,在每一个触点为用户创造惊喜。

在传统汽车企业中,上海汽车集团探索数字化服务,以"人的智慧出行"为服务触点，建设移动出行服务平台，已集聚超2200万名用户，服务触达用户的频次达每年数亿次。上汽网约车业务"享道出行"上线一年半，高峰时的日订单量近10万。新能源分时租赁、汽车生活服务、企业租车等业务，依托上汽人工智能数据平台，不断丰富产品功能，提升服务体验。

未来服务体验的重要性将超越车本身的驾驶体验。

2. 新型业务

数字化时代，汽车产业遵循"微笑曲线2.0"的产业特征，价值链将延伸到服务。由此带来模式创新和一系列新型业务。

从技术上来说，汽车企业通过云计算、工业互联网建设实现企业向服务转型升级。以用户为中心的服务带来新型业务，如UBI、Magic Box、RoboTaxi、网约车业务、按需出行共享服务。

例如，汽车保险提供以下UBI新型服务模式。

- 按里程保险模式：根据每月实际驾驶里程支付保费。
- 驾驶习惯折扣保险模式：驾驶习惯优良者可获得30%额外折扣。
- 车联网保险模式：基于驾驶习惯提供差异化保险服务。

从产业形态上来说，汽车企业上下游产业链的打通、服务生态的全面协同是企业数字化转型的前瞻性内容，也将为企业培育新业务、引领未来业务发展。

此外，汽车企业应该树立起用户是资产的观念。汽车企业的用户都是百万、千万级的，这些用户具有巨大的潜在商业价值，关键看企业有没有能力变现。

8.4 汽车企业竞争优势生态化

很多汽车企业提出要从汽车制造厂商转型为移动出行的服务商。智能汽车的车生活将使汽车成为移动出行的服务中心。汽车产品将成为生态中的一员，汽车的开发、运行都需要强大的生态支持，因此汽车企业的竞争也将演变为生态实力的竞争。

汽车企业应以创造价值为目标，延伸产业链，构建人、车、生活的新生态。例如：汽车车生活中的支付、地图、语音识别、人脸识别等都需要生态系统提供支撑。芯片、雷达、T-BOX等设备的ICT厂商，音乐、广播等数字内容提供商也加入汽车供应链，并占据重要地位。

无论是产品的智能化还是数字化服务，都需要汽车企业打造自己的生态圈。汽车企业应牵头搭建产品开发生态圈，构建自身的产品开发核心能力。同时，汽车企业也要打造智能服务的生态圈。

8.4.1 产品开发生态

汽车智能驾驶的终极阶段是无人驾驶，将经历智能辅助驾驶、有条件的自动驾驶、完全自动驾驶等阶段。随着汽车的自动化程度越来越高，涉及的技术越来越深，其生态圈也越来越大。而生态圈的核心是车企和互联网领军企业。造车新势力与互联网企业关系密切，都有互联网公司做后盾：蔚来汽车身后是腾讯，小鹏汽车身后是阿里，理想汽车身后是美团，威马汽车身后是百度。

智能网联汽车通过传感器、通信系统对周围车辆、道路、环境及云端的感知使V2I（车联基础设施）、V2V（车联车）、V2P（车联人）三者互联互通，集成智能应用，形成的智能出行生态圈是汽车生态系统的核心。生态的打造，既是技术，更是一种意识。汽车企业要牵头搭建生态合作平台，构建自身的核心能力。生态打造要学习互联网思维，其核心是合作共赢，合作各方发挥各自优势，快速取得成功。

产品数字化需要构建生态。图8-13是广汽汽车产品开发生态圈的示意图。产品开发生态圈包括汽车企业、车联网服务商、供应商、互联网/云平台企业、应用和服务企业等。

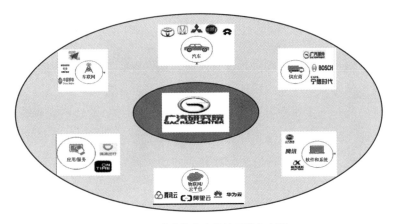

图 8-13　广汽汽车产品的开发生态圈

苹果手机是平台产品：在App Store里有数百万个应用，它们由全球众多应用开发者为苹果手机开发。苹果建立的开发生态圈是典型的众创模式，而App Store是苹果生态系统的核心，其中的应用70%利润归开发者获取，而苹果公司则轻松获得30%的利润。

汽车也一样，有操作系统，也可以开放给所有开发者，让大家开发在汽车操作系统上运行的应用。车机成为汽车智能化的一个终端，在此终端上可以有工作、学习、娱乐等方面的各种应用：从助手到导航，到地理搜索，到按需点播的电影和音乐，再到即时通信等。这些应用不可能全部由汽车企业的开发人员来完成，而需要全社会的应用开发者共同努力。所以汽车应用软件的开发也需要生态，车联网平台等数字化运营平台将是开放的平台。

8.4.2 智能服务生态

汽车将从单纯的出行工具发展为提供智能出行、汽车后市场服务及互联网服务的载体，为用户创造了一种新的生活方式。传统的汽车上下游产业链也将逐渐向产业圈演变，形成汽车企业、零部件供应商、软件和计算单元供应商、智能出行服务商等综合生态圈。生态圈丰富的内容和强大的功能将为用户提供前所未有的便利服务和充满惊喜的生活体验。

打造以汽车企业为核心的生态圈就能为汽车车生活创造全新的价值（见图8-14）。通过汽车与各智能设备（智能设备、家居设备、办公设备等）互联互通，使家庭、工作和出行三者融为一体，提升效率并创造新的价值。例如，汽车同其他智能终端（如手机、手表、智能家居等）形成互联生态，多端联控，用户就可以从车内启动洗衣机、打开电饭煲等。

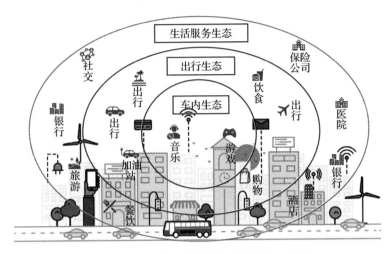

图 8-14 车—出行—生活服务三级智能服务生态圈

汽车智能服务生态圈将成为一个巨大的产业，有行业机构估计其规模可达万亿级别。汽车智能服务生态圈将汽车远程服务、主动维修、汽车维护保养、二手车销售、美容保养等服务直接提供给车主，车主能够更加便捷地享受汽车服务，车主的满意度将大大提高。

数字化运营平台突破了传统信息系统面向企业内部用户的局限，面向社会大众提供服务，用户的规模越大，平台的价值就越大。越来越多的企业建设了各自的业务运营平台，企业间跨平台合作、做大用户规模就变得很有价值。跨平台合作既能扩大企业的品牌影响力，又能利用生态圈进行优势互补，逐步延伸合作范围和业务范围，最终形成完整的出行服务体系。

建立服务生态圈，需要构建数字化生态。生态圈的相关企业通过技术平台的共建共享，打通内外部数据，利用共享数据发挥价值，实现业务优势互补、数据互相应用，进而实现生态圈的价值创造。

各种服务提供商通过数据共享都能形成强强联合，创造价值。举例来说，图 8-14 展示的车—出行—生活服务生态圈中有人的价值链和车的价值链，为用户提供各种服务。图中有一个标注为飞机的出行，还有一个标注为出租车的出行，这两个出行合作，就能产生新的价值。

举例来说，航空公司都有会员制，就是想通过积分把用户黏住。如果不是乘坐头等舱，通常情况下，一个乘客坐一趟飞机得到的会员积分是不足以兑换到一张免费机票的。对乘客来说，选择哪家航空公司的飞机都无所谓。但是，各服务商如果打造一个生态圈就不一样了。通过建立一个出行生态，共享出行数据，就能为乘客带来价值。举例来说，网约车如祺出行，可以使用飞行的积分，乘客去机场无须支付打车费，只需使用航空公司的积分进行兑换。乘客当然愿意，而航空公司也很高兴，网约车如祺出行也很愿意，因为乘客都愿意乘坐这个免费的出租车，而不是其他需要付费的出租车。航空公司也留住了乘客。通过数据共享的生态共赢，这样的会员制才有意义。这就是数据共享、服务共享、生态共赢。

生态圈的建立依赖于数字化平台，而车联网平台是建立生态圈最主要的平台。随着智能化、网联化进一步发展，汽车企业在加强与传统汽车零部件厂商的合作的同时，也需要强化与云厂商的融合。云厂商包括智能交通、自动驾驶、酒店、零售、餐饮等服务体系中的服务商。

8.5 汽车企业数据资产价值化

数据是企业的核心资产，对数据资产进行有效管理和使用是数字化转型的核心。在云计算、大数据和人工智能等数字化技术的催化下，数据转化为企业的洞察力及科学决策能力，体现在产品、业务及服务创新等诸多方面，推动了企业业务的提升及用户体验的改善。

汽车企业数据资产的价值创造方式是，通过产品数字化和业务数字化将数据变为资产，利用大数据和人工智能技术让数据资产为企业创造价值，以及基于数据中台打造能够实现业务"千人千面"的精准营销、产品"千车千面"的个性化服务的数据智能应用。

例如，在企业的人力资源系统、供应商管理系统中给员工、供应商打标签，实施用户画像，就能更好地匹配人员和工作岗位，最大限度地发挥每个人的价值。对知识进行个性化推送，就能解决各种信息泛滥成灾，有用信息淹没在茫茫信息"海洋"中的困扰。

为发挥汽车企业数据资产的价值，首先要管理数据源和开展数据治理，其次要建设大数据平台和实现数据的智能应用，最后要通过业务数据化、数据资产化、资产服务化、服务价值化实现数据资产的价值化。

8.5.1 数据源和数据治理

数据是数字化的基本生产要素，数据的质和量直接决定了数字化的能力、数字化所能达到的深度和广度。由于汽车数据源的多样性及数据的复杂性，汽车企业首先需要进行数据治理。

汽车企业的数据可以简单分为外部数据和内部数据。汽车企业要管理和应用好数据，使之创造最大价值，具有非常大的挑战。

1. 数据源

汽车企业的全量数据涉及内部数据和外部数据。内部数据主要有企业经营数据，例如 ERP、PDM 的数据；客户信息数据，例如 DMS、会员系统的数据；生产设备的数据，例如制造用的机器人运行数据；更多的是车联网数据，例如视频数据、激光雷达数据。外部数据主要有互联网数据，例如网站论坛、自媒体数据；第三方数据，例如供应商、经销商、行业协会的数据等。下面列举几种数据类型包含的数据以展示数据的方方面面。

（1）业务系统数据

主要是业务在研发、制造、营销各业务系统中开展而记录的数据。研发环节有 BOM 数据、变更数据、资源数据、图纸数据、试制试验数据、制造工艺数据、配件服务数据等大类；制造环节有供应商数据、工艺数据、采购数据、质量数据、制造过程数据、能耗数据等大类；市场环节有用户属性数据、用户交易数据、维修数据、沟通记录数据、经销商/服务商数据、车辆配置数据等大类。

（2）车联网数据

车联网数据主要是通过车载终端设备采集的车辆运行动态数据和车辆 GPS 动态数据。未来车联网系统将会全面采集车辆的发动机工况信息、驾驶员操作信息、车辆运行信息、车辆报警信息，以及车辆的位置信息、运行轨迹等数据。

（3）制造环节物联网数据

制造环节物联网数据主要是来自自动化设备及其传感器的数据，包括设备运行的状态参数、设备运行的工况数据、设备使用过程中的环境参数、设备运行绩效数据等。相比互联网数据，制造环节的物联网数据具有更强的专业性、关联性、流程性、时序性。制造环节物联网数据是智能工厂的基础支撑。

（4）互联网数据

互联网数据是指来自社交媒体、垂直媒体、电商等互联网渠道的数据，主要包括用户信息、流信息、互动信息、电商交易信息、舆情信息等。

上面列举了各种数据类型的各种数据，读者可能读起来索然无味。即使如此，这里还是将各种数据列出来，是想说明汽车企业和汽车产品有非常丰富的数据源，虽然管理和应用这些数据有各种各样的挑战，但如此丰富的数据源和庞大的数据量正是数字化技术发挥价值的基础。

汽车企业的智能驾驶数据、车联网数据、数字化营销的多媒体（图片、视频、音频）数据规模通常都比较大，比业务系统的结构化数据要大得多，因此需要由能够存储任意规模数据的数据湖来管理。

2. 数据治理

尽管汽车行业积累了大量数据，但能够从中挖掘出价值的数据却不多，数据资源可利用程度低，数据资源的增值作用不能得到充分发挥。

汽车研发、生产、销售、售后各个环节的数据结构复杂，互通互联难度大。通常各业务单元采用不同的数据管理系统，数据格式也不一致，系统之间集成度低，互联性差，业务不能协同开展。由于缺乏统一的标准体系，比如汽车属性不统一、信息编码技术规范不统一，经常出现同一汽车的名称和分类不一致，数据资源难以共享与转换。

外部数据存储分散、自成体系，数据异构性严重。汽车行业产业链长，参与者众多，外部数据来自汽车企业外的零部件供应商、行业协会、车联网公司、互联网社交媒体等机构。

汽车企业内部数据通常也相当复杂。汽车企业一般都是大型集团公司，信息系统通常既有集团级的，也有下属各单位自行建设的。因此，业务的数据大都以离散形式分布于各信息系统中，数据缺乏共享和交换基础，难以提供准确高效的决策信息。

如果不开展数据治理，没有对数据标准、数据质量进行有效管理，采集和积累再多数据也难以发挥价值。

在数据治理方面，上海汽车集团体系化管理集团数据资产，稳固地推进数据综合管理的落地。上汽已制定数据管理制度，在原有资源的基础上研究并制定了符合汽车行业特点的数据标准与规范。

8.5.2　汽车企业大数据平台建设及应用

汽车企业大数据平台建设需要从总体规划、基础平台、数据整合、算法模型、分析应用五个方面来考虑。总体规划要立足现阶段需求及发展需要，制定具备业务战略前瞻性的大数据体系规划，为企业数字化转型提供重要的依据和指导；基础平台提供基础的数据采集、存储、处理能力，并提供细颗粒度的管理功能；数据整合提供数据采集汇聚、整合处理等服务，完成项目范围内的数据处理要求；算法模型是基于汇聚的数据，通过算法与模型，以人工智能的方式实现业务智能化；分析应用是基于数据与算法构建的，如用户画像、渠道画像、智能库存、备品备件预测等，通过构建分析应用并开放分析定制能力，帮助相关业务人员依托平台、数据能力迅速改进业务决策。

汽车企业大数据平台支持数据采集、数据分析和大数据应用全过程，如图 8-15 所示。通常采集的数据包括企业经营数据、互联网数据、车联网等 IoT 数据、客户信息数据和第三方数据。大数据应用于对产品、客户、供应链、营销和服务的洞察和各种场景下的决策支持。大数据为汽车企业构建全价值链业务洞察能力，具体如下。

- 研发：车型配置趋势分析、竞品车型配置分析、区域需求洞察、用户需求洞察。
- 生产：产线运行监控、产能分析预测、设备预测性维护、产品品质分析、车辆故障原因分析。
- 供应链：零部件品质分析、库存分析及优化、供应链物流优化、供应链能力评估。
- 销售：整车、备件需求量预测、市场洞察、竞品对标情报分析、用户运营分析、车主画像。
- 服务：车辆画像、车主行为分析、主动服务分析、用户体验分析、用户流失分析。

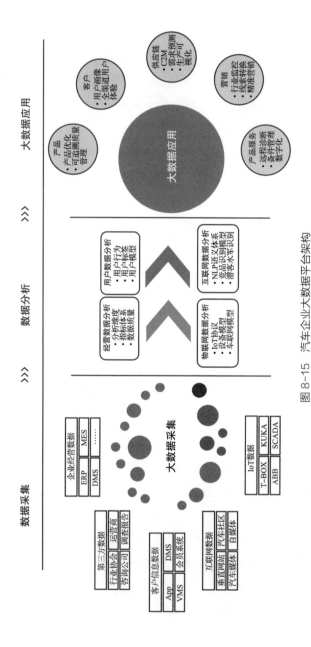

图 8-15 汽车企业大数据平台架构

8.5.3 大数据在洞察产品、用户方面的应用

汽车企业通过数字化转型实现从"以产品为中心"向"以用户为中心"转型，即从过去只重视打造精致产品到为用户提供其真正需要的精致产品。因此，在产品企划、研发、生产制造和服务环节都要洞察用户的真正需求。只有深入洞察产品、洞察用户，才能将"以用户为中心"的理念落地。大数据在洞察产品、洞察用户两个方面都有传统方式无法实现的效果。

1. 大数据对汽车产品的洞察应用

推出一款新车型所需投资巨大。从新款上市到后续的年款、中改款、换代等，实现每一步的成功是汽车企业努力追求的目标。

大数据是洞察汽车产品在全生命周期中表现和定位的新的重要手段。

产品全生命周期大数据平台以市场表现为出发点，聚合多源数据，采用高阶算法模型，围绕多维度竞争力进行分析，进而给出产品的优化调整方案，辅助产品规划、商品企划、产品开发、生命周期管理等业务的智能决策（见图 8-16）。产品全生命周期大数据就是致力于以用户体验为核心，全力打造面向未来、超越期待、品质卓越的明星车型。

基于对产品企划、开发、上市后检验各阶段数据的监测，发掘产品与竞品迭代周期的规律，并根据产品、价值、传播、品牌、渠道的多维度竞争力深度分析，实现动态生命周期管理。

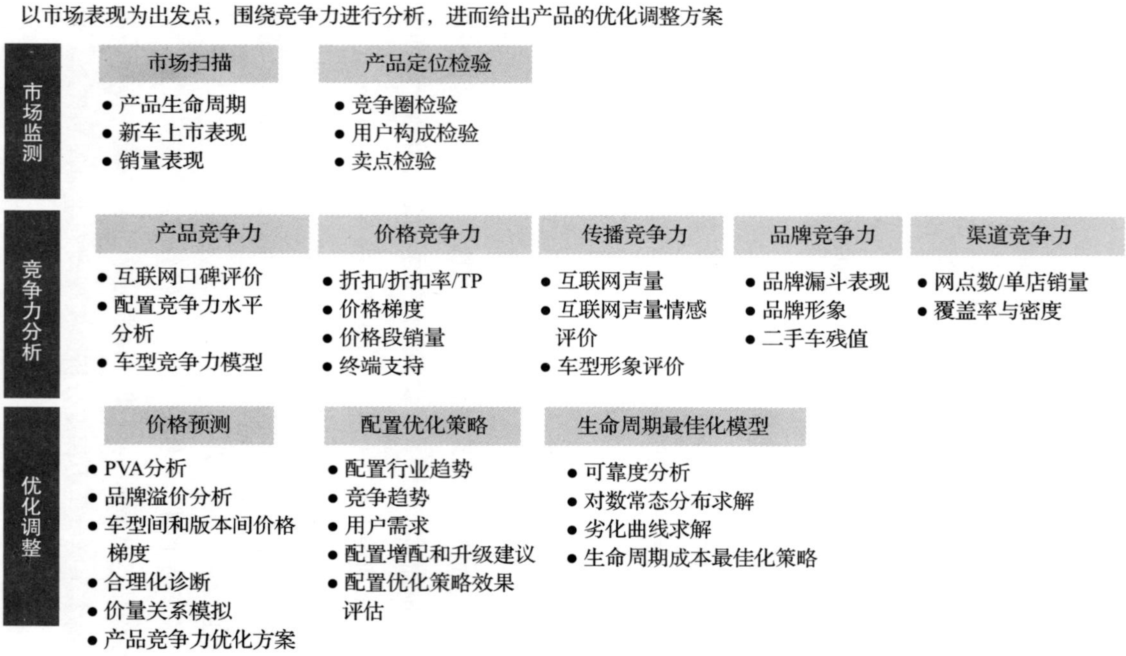

以市场表现为出发点，围绕竞争力进行分析，进而给出产品的优化调整方案

市场监测	**市场扫描**	**产品定位检验**			
	• 产品生命周期 • 新车上市表现 • 销量表现	• 竞争圈检验 • 用户构成检验 • 卖点检验			
竞争力分析	**产品竞争力**	**价格竞争力**	**传播竞争力**	**品牌竞争力**	**渠道竞争力**
	• 互联网口碑评价 • 配置竞争力水平分析 • 车型竞争力模型	• 折扣/折扣率/TP • 价格梯度 • 价格段销量 • 终端支持	• 互联网声量 • 互联网声量情感评价 • 车型形象评价	• 品牌漏斗表现 • 品牌形象 • 二手车残值	• 网点数/单店销量 • 覆盖率与密度
优化调整	**价格预测**	**配置优化策略**	**生命周期最佳化模型**		
	• PVA分析 • 品牌溢价分析 • 车型间和版本间价格梯度 • 合理化诊断 • 价量关系模拟 • 产品竞争力优化方案	• 配置行业趋势 • 竞争趋势 • 用户需求 • 配置增配和升级建议 • 配置优化策略效果评估	• 可靠度分析 • 对数常态分布求解 • 劣化曲线求解 • 生命周期成本最佳化策略		

图8-16 产品全生命周期大数据应用

资料来源：威尔森信息科技

2. 大数据对用户的洞察应用

为打造汽车明星产品并提供超出用户期待的数字化服务，汽车企业在价值链各环节都需要洞察用户的需求，并制定相应的对策。

在产品定义时，要了解车主的个人喜好。

在营销环节，要知道哪些是潜在用户群体，如何转化，哪些用户最有价值，如何吸引更多的用户。

在售后服务环节，要知道如何增强现有车主的忠诚度，是否应该提供更多的增值服务，4S店营销效果怎么样，如何优化。

"用户洞察"大数据分析赋能汽车价值链各环节业务。

为实现对用户的全方位洞察，汽车企业应以会员体系为中心，融合多渠道数据，建设企业的CDP（用户数据平台），基于数据打造企业会员全景标签体系和更加智能的商业应用，为全面的会员运营提供充分的数据支撑和应用基础。

在会员体系的基础上，以数字化构建从用户洞察到用户体验全生命周期的数字化服务体系，从而不断快速响应、探索、挖掘、引领市场和用户的需求。

基于数字化服务体系，在业务持续开展中沉淀用户多维度信息，完善用户标签体系，建立用户360°画像，建立用户的深度洞察，挖掘用户全生命周期的多种服务需求，持续形成多维度全周期的商业机会。

例如，为实现精准广告营销，可以将用户在互联网上搜索、停留、购物、交易的各类数据，以及厂家对用户的分析、切片、画像及贴的各类标签，应用于互联网媒体广告的定点定人投放。

大数据对用户洞察的应用将在汽车产业链各环节产生价值。

第9章 CHAPTER 9
汽车企业数字化转型总体策略

企业数字化转型是企业充分运用数字化技术,全方位重塑企业战略、重构业务流程和组织架构以及创新商业模式,构建以数据为核心驱动要素的价值创造体系,实现与客户、员工、供应商、合作伙伴等内外部生态共创价值的过程,以确保企业在日益激烈的市场环境中获得核心竞争力和可持续增长能力。

数字化转型是庞大的系统工程,是与企业战略、组织变革、业务创新、高效运营和生态建设等相关的体系化、组织化、流程化、数据化和智能化的工作,涉及时间长、组织多、人员众、流程长、系统广、复杂程度高等挑战,是真正决定企业发展方向和命运的大工程。企业推进数字化转型首先必须把握总体方向,需要一个完整的总体策略。

汽车企业必须推进数字化转型,既是为了能够在未来的竞争中具有优势,也是为了在未来移动出行的新产业形态中发挥更大的价值。

本章系统性地陈述汽车企业数字化转型总体策略,包括愿景、使命、目标、实施路径、推进原则和资源保障。

9.1 数字化转型总体策略

对于传统企业来说,数字化转型是基于数字化的技术革命。数字化就是赋予企业巨大变革的时代力量。在笔者看来,传统企业转型为全面的数字化企业就好比铁路系统从绿皮火车升级为高速列车(见图9-1)。

当前比较普遍的现象是企业内各业务部门开展零星的数字化工作,这样是很难实现企业的全面数字化转型,就像对绿皮火车进行改进，就算将火车的机车头改成高铁的流线型，将车厢内设施换上跟高铁车厢一样的设施，绿皮火车还是绿皮火车。

图9-1　企业数字化转型就好比铁路系统从绿皮火车升级为高速列车

为此，企业推进数字化转型必须有顶层设计和全面规划，必须针对企业的战略和业务制定数字化策略。企业的领导层要从这个高度来认识数字化转型的意义，对于汽车企业尤为如此。

汽车企业数字化转型需要总体策略的顶层设计，即明确的数字化转型战略和推进思路。数字化转型战略包括数字化转型的使命、愿景、目标；数字化转型推进思路包括数字化转型蓝图、规划、核心能力建设、实施路径、推进原则、资源保障等内容和要素。

数字化转型是"一把手"工程，是由一把手领导的与企业战略、组织变革、业务创新、高效运营和生态建设等相关的体系化、组织化、流程化、数据化和智能化的大工程，涉及时间长、组织多、人员众、流程长、系统广、复杂程度高等挑战。

数字化转型需要高层管理者在转型意识和战略上高度重视，通过自上而下的企业文化变革和内外部意识宣导与培养，让不同层级管理者对数字化转型工作达成统一的认知。企业要营造基于数字化思维创新的氛围，包括营造自学习、自驱动、创新思维的数字化人才培养氛围，宣扬人人都是践行者，人人都是驱动力的企业文化。

此外，要动员全体人员积极参与，强力推动战略落地实施，制定战略闭环管理，开展战略评价和迭代优化。

咨询公司 BCG（波士顿咨询公司）提出的数字化转型战略框架如图 9-2 所示，分三个层次：战略层、业务层和驱动力。

数字化转型既是一场技术革命，也是一场顺应时代的自我颠覆。从战略上来讲，企业应该有一个数字化驱动的商业战略。

传统汽车企业的商业战略一般不是基于数字化的，不是数字化驱动的战略。数字化企业将以数字化作为企业商业战略的核心能力和动能，推进企业的发展。

为实现数字化转型，汽车企业需要设立数字化的愿景、目标，以及最适合公司发展的蓝图。

业务层包括三个方面：业务的数字化，主要是企业本身的数字化建设；产品的数字化，即打造数字化智能产品及与产品运行时相关的数字化生态和平台；数字化创新的业务。

业务层的数字化转型是以用户为中心，利用数字化技术对产品和服务进行重塑，利用数字化技术对企业运营过程中所产生的数据进行挖掘，再利用数据洞察用户需求并精准地改善产品，从而提供更好的服务，提升用户满意度。数字化转型会给企业带来很多收益，包括优化业务流程，提高业务效率，提升管理透明度，更好地远程协同工作，提高生产力，以及打造新型的产品和服务，提升用户体验。

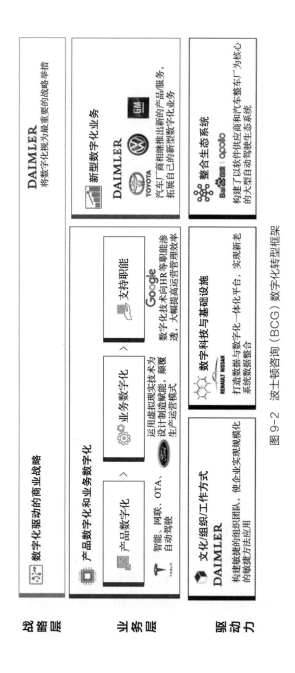

图9-2 波士顿咨询(BCG)数字化转型框架

第三个层次是驱动力,它包括企业的文化以及组织工作的方式。数字科技和基础设施指的是数字化技术的导入以及数字化能力建设,此外还包含生态系统的建设。生态既包含数字化企业建设的生态、产品打造的生态,也有服务的生态。

国内主要汽车企业都从战略、业务、文化等层面开始推动数字化转型。中国一汽集团在董事长徐留平的带领下,大力推进数字化转型。为打造一流汽车企业,中国一汽集团制定了"3341"行动计划发展战略和目标。行动计划中的"3341"分别代表:3大主营业务,自主整车、合资整车、新型服务业务;3大行动计划,龙腾行动、虎跃行动、飞马行动;4个关键方面,规模、效益与效率、人工发展、能力提升;1个目标,实现中国一流和世界一流。

中国一汽集团高度重视数字化转型对实现战略目标的重要性,明确了数字化转型的愿景是"数字驱动美妙出行",目标是"业务赋能、产品智能、生态智慧、数据增值"。实现的路径是"以中台为核心,以数据为引擎,通过'五大核心业务领域、三大支撑平台、两个保障',实现核心业务的数字化、价值化、创新化,为用户创造极致体验的产品和服务"。重要任务是以"两平台双中台"为核心,承接业务重构成果,通过数字化工厂、企业级 BOM、营销用户云、双中台等项目建设,探索形成一套符合当前车企转型需求,可操作、可落地的数字化平台架构和技术体系。以"一切业务数据化,一切数据业务化"为总指导原则,中国一汽数字化转型将实现"以体系优化为前提,以价值创造和效率提升为目标,以业务作业数字化为关键,支持企业运营'业务在线、及时分析、智能管理'"的系统性全面提升。中国一汽的数字化转型战略和推进思路可谓全面且明晰。

9.2 汽车企业数字化转型战略

汽车企业数字化转型,首先要确立企业未来的发展战略,包括愿景、目标和实现目标的技术路线。

愿景是要通过数字化转型把公司带到什么地方去,希望公司达到的未来状态。目标作为数字化转型成功的衡量指标,包括可衡量的短期商业价值目标、不直接衡量的面向未来的战略价值目标。数字化时代需要构建应对未来挑战的能力。

9.2.1 数字化转型的愿景

正如前面章节所论述的,伴随着 ICT 技术与汽车产品的深度融合,汽车产业正在发生巨大变革:汽车产品有了新形态,汽车制造有了新方式,汽车商业活动有了新模式,汽车产业将形成新生态。

从消费互联网到产业互联网,从移动互联网到物联网,ICT 技术与传统形态的生活和生产方式的融合颠覆了一大批传统企业,又催生了一大批数字化企业。那些积极拥抱数字化的传统企业经历过数字化的洗礼,获得了新生,具有了更大的竞争优势,例如工程机械行业的三一重工、家电行业的美的和海尔等。

传统汽车企业要想在未来产业颠覆性变革中屹立不倒,就必须顺应时代发展潮流,打造以数字化为核心的竞争优势,实现产品的数字化、业务的数字化、服务的数字化、管理的数字化等全面的数字化。因此汽车企业首先应该成为全面数字化的企业。

其次，汽车产品将由传统的机电产品变成深度融合 ICT 技术的智能化、数字化产品，汽车企业也将由传统的交通工具制造商转变为移动出行的服务供应商。

笔者认为，未来的汽车企业必须成为全面数字化的企业，应该成为移动出行的服务商。这是时代的需要，也是汽车企业的愿景。

9.2.2 数字化转型的目标和技术路线

汽车企业要成为未来移动出行的服务商，就必须成为数字化企业。汽车企业数字化转型的目标可以是：打造数字化智能产品和服务，为用户提供超出期待的体验；建设以数据智能为优势的数字化企业，实现全业务数字化运营。

除了这一面向未来的战略价值目标，各企业可根据自身业务战略制定可衡量的短期商业价值目标。

图 9-3 是笔者提出的汽车企业数字化转型目标和技术路线的框架，主体由"2 条主线、4 项能力和 3 个要素、2 大平台、1 个架构"组成。

（1）2 条主线

汽车企业的数字化转型要从数字化产品与服务、数字化业务与管理 2 条主线来开展。

对于汽车企业来说，汽车产品和服务的数字化是核心。智能网联产品其实就是数字化产品，而对于数字化产品，服务是灵魂。为用户提供超出期待的服务，才能赢得用户。从为用户提供产品，到为用户提供产品加服务，汽车企业的品牌打造也从产品的技术领先变为产品的体验为王。

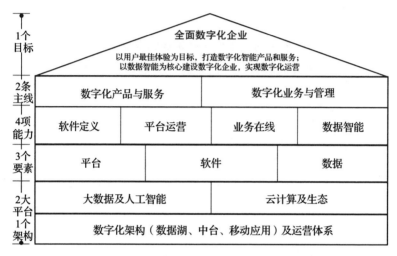

图9-3　汽车企业数字化转型目标和技术路线框架

数字化业务与管理这条主线涉及研发、制造、生产、营销、服务等业务的数字化，整个企业的价值链要数字化。基于数据的管理对于企业具有很大的价值，企业的管理要实现数字化。

传统汽车企业以产品为中心，数字化企业以用户为中心。因此，要避免重产品数字化、轻业务数字化的传统意识，"数字化产品与服务"和"数字化业务与管理"两条主线要并重。很难想象一个不是数字化的企业能研发出高度智能的数字化产品。

（2）4项能力和3个要素

软件定义、平台运营、业务在线、数据智能，这4项能力是基于软件、平台、数据三个数字化要素构成的。在第3章中，我们详细介绍了在数字化时代，软件定义产品、数字化运营平台支配业务，而数据则是业务在数字化平台开展、产品在软件支配下运行的产物。软件、平台和数据是数字化的3个核心要素。基于这3个要素，汽车企业就可以打造4项核心能力。

第一，软件定义汽车的能力，通过软件打造数字化智能产品；

第二，业务在数字化平台上运营，业务从在传统的物理世界开展升迁到在数字空间开展；

第三，业务需要随时在线，所有活动都需要在数字空间开展；

第四，产品和业务将产生大量数据，也就是通常所说的业务数据化，通过对数据的分析和应用，将赋能业务，提升管理，实现智能决策。

（3）2大平台

数字化企业需要2大基础平台，也就是大数据及人工智能平台、云计算及生态平台。2大平台是4项能力的基础。

（4）1个架构

1个架构即数字化架构。通过打造基于前、中、后台数字化架构的数字化运营平台，支撑企业所有业务从物理世界向数字空间升迁，实现各业务的数字化运营。基于数字化架构，构建数字化运营平台，包括云数据中心、数据湖、数据中台、业务中台及前台。

9.3 汽车企业数字化转型推进思路

数字化转型推进思路包括为实现数字化转型目标而进行的数

字化转型蓝图制定和规划、核心能力建设、实施路径与阶段、推进原则、组织资源保障等内容。

9.3.1 数字化转型蓝图制定与规划

不同汽车企业的战略目标和发展方向各有不同，数字化基础和所处的数字化转型阶段也不尽相同。企业推动数字化转型工作的前提条件是掌握自身所处的阶段，评估企业当前数字化转型的成熟度，清晰认识自身能力的不足。然后以此作为切入点开始推动数字化转型工作，并制定相应的规划。

对于传统汽车企业而言，数字化转型要面临来自 ICT 企业、造车新势力以及其他新兴企业基于先进技术或庞大用户群体优势的低成本竞争，因此，蓝图和规划的制定至关重要。如果因对数字化趋势、市场需求判断不准确，对自身优势认识不准确而选择了错误的发展路径，并在错误的方向上开发数字产品和服务，或者在商业模式创新过程中对研发能力、成本控制及管理水平整体掌控不足，都有可能导致转型失败或延迟。

为制定数字化转型的蓝图，需先要对企业的业务战略进行深度解读，一切数字化转型都是为了业务战略。首先梳理出战略重点和业务范围，然后对业务需求和管理需求进行梳理。基于这些需求，根据数字化的发展趋势以及行业的先进实践，就可以制定出企业的数字化转型蓝图。

汽车企业的数字化转型是从传统的汽车产品向电动化、智能化、网联化、共享化方向发展，汽车产品的形态将发生根本性的改变。在制定数字化蓝图时，一定要考虑与 ICT 融合相关的任务。相比传统汽车，未来智能网联汽车关注的焦点将在软件方面，比如手机 App、自动驾驶、数字化座舱、车联网等。现阶段汽车的研发必须考虑如何把传统需求与新时代下的数字化需求整合在一起。研发模式由于用户需求的不断转变也发生了非常大的变化。对于传统的主机厂来说，一般产品进入研发阶段后，需求会保持相对稳定。但当今时代，用户的需求，特别是在数字化方面的需求，会不断发生变化。

蓝图要基于企业本身的数字化应用和基础架构的现状，同时要把数据的治理和改进的思路作为制定蓝图的重要考量，制订出规划方案。

按照规划方案，就可以定义一系列项目，这些项目可以根据领域来分，分为研发、生产制造、营销、产品和服务等。同时根据数字化转型"先数据透明，后数据驱动；先广覆盖，后深化"的推进原则，明确项目优先级。这样根据优先级确定实施路径和资源配置，就能够制定出 3～5 年的路线规划图。

9.3.2　数字化转型的核心能力建设

第 8 章陈述了汽车企业未来的竞争力优势来自生态，即要形成以汽车企业为核心的产品创新、数字化服务的生态圈。为此，汽车企业要建立自身的数字化能力。只有拥有了强大的数字化能力，汽车企业才能在生态圈中灵活布局，有效分工，创造出最大价值，合作共赢。

笔者认为，从技术的角度看，为了建设自身的数字化核心能力，汽车企业应该具备四个能力：软件定义、平台运营、业务在线、数据智能。

(1) 软件定义

软件定义汽车是软件深度参与到汽车全生命周期中，在汽车产品的服务过程中不断改进和优化，从而实现体验持续优化、过程持续优化、价值持续创造。通过智能车机实现人机交互，通过T-BOX实现智能车联，通过环境感知实现ADAS功能等，软件定义汽车就是定义汽车的智能化。

软件定义汽车的核心思想是决定未来汽车的是以人工智能为核心的软件技术。自动驾驶汽车、无人驾驶汽车就是以软件为核心的，其中的核心技术，如高精度地图定位、环境感知、行驶策略、车辆控制逻辑等，都是运行在操作系统之上的软件。智能网联汽车也是靠软件实现的。车联网接受移动信号并处理，汽车导航系统、车内娱乐系统等各类车载服务无一不是靠软件实现的。软件即将定义汽车并创造利润，汽车制造商的业务模式将从根本上发生改变。软件定义汽车的终极目标是无人驾驶汽车。

大众集团将"成为软件驱动的汽车公司"确立为企业的战略目标。

(2) 平台运营

以数字化运营平台为核心的数字化平台模式创新应用是通过打造基于前、中、后台数字化架构的云平台，支撑企业所有业务从物理世界向数字空间升迁，实现各业务的数字化运营。数字化平台运营突破传统信息系统只服务企业内部员工的局限，实现对内服务企业业务开展，对外连接生态开发和服务，以丰富的资源服务最终用户。

（3）业务在线

业务在线是指通过App、小程序、企业微信等移动应用，在后端数字化运营平台的支持下，实现企业业务直达用户（包括外部用户、供应商、经销商、内部用户）。业务在线为业务活动提供触点，使一切业务活动数据化，同时，也使用户行为数据化。

一切业务都在线，实现管理透明，数据驱动业务，精细化管理能力，主要是业务全面线上化，端到端流程优化。原来多是部门级应用建设，缺乏端到端协同联通思维，未来需要从企业级角度看我们的信息化、数字化建设。

通过实现全量数据的采集，数据的智能化，业务在线，保证正确的数据以正确的形式在正确的时候送到正确的人手中。

（4）数据智能

以大数据为核心，聚焦全业务和数据的贯通，深度挖掘业务价值，建设统一的大数据平台，提升数据应用的能力。大数据和人工智能技术将使数据资产为企业创造价值。基于数据中台实现业务"千人千面"的精准营销、产品"千车千面"的个性化服务的数据智能应用。

9.3.3 数字化转型实施路径与阶段

传统汽车企业向数字化企业转型，不可能一蹴而就，需要经历几个阶段。

基于行业对目前国内主要汽车企业及参考制造企业数字化水平的评估数据，以及数字化转型核心能力和实施主线，笔者提出了汽车企业数字化转型的核心能力、实施主线、推进步骤和愿景，如图 9-4 所示。

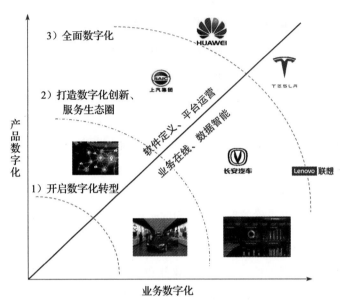

图 9-4　汽车企业数字化转型核心能力、实施主线、推进步骤和愿景

图 9-4 中的中轴线是企业的核心能力，即软件定义能力、平台运营能力、业务在线能力、数据智能能力。图中的三条弧线代表数字化转型的三个阶段的标志性状态，从开启数字化转型，到打造数字化创新、服务生态圈，再到实现全面数字化。图的横轴和纵轴分别代表数字化转型实施的两条主线，即业务数字化和产品数字化。业务数字化是推进业务各领域的数字化，即数字化企业建设，而产品数字化是推进产品的数字化以及产品在应用时的服务数字化。

传统汽车企业数字化转型可以分为三个阶段：数字化企业建设阶段、数字化生态建设阶段、全面数字化企业建设阶段。

（1）数字化企业建设阶段

以打造数字化企业为目标，通过确立企业数字化战略，建设数字化能力、推进产品数字化和业务数字化，实现从传统汽车制造企业向数字化企业转型。

目前很多企业已经开展了一些局部的数字化工作，但企业普遍对数字化缺乏理解和共识，数字化战略和愿景不明确，缺少数字化路线图、缺乏短期目标，缺乏预算规划和资源安排。开启数字化转型就是要使企业的数字化转型从局部规划和设计向全局规划和顶层设计转变。

在确立数字化转型战略后，建设数字化应用能力和基础平台能力，以产品数字化、业务数字化两条主线推进企业的数字化转型。

- 企业需要明确转型的目标和推进思路，开启数字化转型战略。
- 建设软件定义、平台运营、业务在线、数据智能的数字化能力。
- 建设云服务平台、大数据平台，为数字化产品、数字化业务、数字化服务提供基础保障。
- 以产品数字化和业务数字化两条主线推进企业的数字化转型。

（2）数字化生态建设阶段

以建设数字化创新和数字化服务生态圈为目标，通过在产品开发上的协同共赢，业务合作上的统一数据、统一平台，打造生态化的服务体系，实现以用户为中心的数字化服务。

在企业数字化转型的能力建设、产品数字化、业务数字化取得阶段性成果的条件下，着力打造生态圈以提升企业数字化创新、数字化服务的能力。

- ❑ 开放融入各类外部资源，构建企业产品开发、数字化服务新生态，实现生态圈协同。
- ❑ 构建应用直达用户，实现前台的在线化、后台的数据化，打通全价值链流程和数据，实现数据的智能创新。
- ❑ 以统一数据、统一平台、统一管控为目标，全面贯通产业生态圈的数据，包括业务数据、用户的数据、车联网的数据、生态数据、服务数据等内外部数据，逐步形成基于生态的竞争优势。

（3）全面数字化企业建设阶段

以转型为移动出行服务商的企业战略为牵引，以建设为全面数字化企业为目标，服务智慧城市、用户智慧出行车生活。

汽车企业都将成为移动出行的服务商。成为全面数字化企业是提供具有竞争优势的服务的前提。数字化服务的软件、平台等需要不断迭代完善，需要及时响应用户需求的快速场景开发。

- ❑ 数字化全面支持企业业务运营和创新。
- ❑ 不断迭代完善软件定义产品、数字化运营平台，开发更多应用场景以满足用户的需求。
- ❑ 实现企业从汽车制造商向移动出行服务商转型。

数字化变革是一个持续的过程，在各阶段还需要持续迭代，不断优化，逐步提升传统汽车企业的数字化能力，使其转型为移动出行服务商。

9.3.4 数字化转型推进原则

集团型汽车企业的数字化转型工作涉及面宽，应用面广，业务间相互依存，可谓纷繁复杂。要有效推进全面数字化，就要确定数字化转型的推进原则。例如，实施数字化项目应先将业务数据透明，通过 BI 等技术实现数据的可视化，再建设数据中台实现数据智能，以数据驱动业务不断优化和提升。

在企业的数字化转型蓝图确定后，具体的实施可以从"统筹规划和建设、价值创造和融合发展原则、实施优先原则、项目建设原则"四个方面来考虑。

1. 统筹规划和建设原则

企业集团层面统筹规划，企业各业务共建共享。从整个集团高度做整体规划，提炼出具备复用价值的部分，重点考虑统一建设，多元共享。

2. 价值创造和融合发展原则

数字化转型的推进要紧密围绕企业战略来开展。以价值创造为准则，在全价值链推进信息技术与业务不断融合。同时，在推进过程中形成组织体系和运行机制，不断迭代完善，使信息技术在业务各领域实现从辅助、支撑到支配的融合发展，最终实现数字化转型。

3. 实施优先原则

先数据透明,后数据驱动;流程、数据拉通优先;大数据、移动化优先。

4. 项目建设原则

数字化转型是通过具体的项目来落地的,项目的建设要以连接和服务用户的项目、价值点高的项目、管理透明度低的项目为重点。

9.3.5 数字化转型组织和资源保障

企业数字化的本质是变革和推动创新,需要创新思想和人才队伍建设。数字化是推动技术创新和体制创新的重要引擎。推进数字化转型要求调整组织与管理体制,并建立与之相适应的组织架构、管理模式。

数字化转型中产品开发、业务平台建设、基础设施建设、经营管理变革等各领域工作都离不开数字化人才,企业内部应建立相应的培养方式和方法,同时根据需要引入外部资源来帮助新技术、新产品、新管理模式的落地与推广。

除了数字化技术外,数字化转型成功的关键因素还有文化和组织的保障。积极推进文化转型和数字化组织的建立,保证资源与人才对数字化转型的有力支撑。管理层在资源配置上需要确定业务、资金和 IT 人才的投入。

数字化转型的核心是数据。需要一支专业的数据团队对数据资产进行有效管理,同时也要负责大数据平台的规划、建设及架构设计，大数据平台数据开发，数据治理、数据仓库建设，大数据分析与挖掘，数据采集、可视化及应用开发等工作，推进数字化运营和数据智能等业务，使大数据成为汽车企业的核心能力。

汽车企业应成立专门的客户服务部门。随着汽车产业链由营销延伸到服务，数字化服务将成为企业新的增长点，服务创造的价值也将越来越大。汽车企业需要成立专门的客户服务部门，为客户提供数字化服务。

以上海汽车集团为例。上汽设立了三个新的数字化机构：前瞻技术部、信息战略部和战略研究与知识信息中心。同时，上汽还陆续成立了人工智能、大数据、云计算、网络安全等四大中心。2020年年初，又专门成立了零束软件分公司，加快打造1个架构（中央大脑和域控制器融合的整车电子电气架构）、2个平台（软件平台和数据平台）和1个体系（软件开发体系），加快提升上汽"软件定义汽车"的能力。目前，上海汽车集团已拥有各类软件人才约8000人，这些人才将为上汽的数字化转型提供有力支撑。

第 10 章 | CHAPTER 10

汽车企业数字化转型的认知与实现

根据麦肯锡的研究报告，企业数字化转型失败率高达80%。然而，数字化转型已经不是一个选择的问题，而是一个生存问题，所有企业若想持续发展，必须实现数字化转型。对传统汽车企业而言，数字化转型不是问题驱动或 ROI 驱动，而是愿景驱动。越来越多的人认同这样一个论断："一切传统的都会被数字化颠覆，今后的企业只有两种：数字化原生企业和数字化转型成功的企业。"

因此，传统汽车企业必须对数字化转型有清晰的认知并推动其早日实现。

第1~9章详细讲述了数字化转型的由来、重要性、技术路线、汽车企业数字化转型的实施重点、战略和推进思路，最后这一章将在前面章节的基础上，总结性地提出关于汽车企业数字化转型认知与实现的关键性的观点和理念主要内容如下。

（1）3个关键认知
- 对汽车产业变革的认知
- 对汽车产品及其服务新形态的认知
- 对数字化转型必然性和紧迫性的认知

（2）5个实现策略
- 做数字化转型的推动者
- "以用户为中心"，经营用户和服务用户
- 以信息技术作为核心使能技术应用于汽车产品和业务
- 打造汽车企业在未来竞争发展中的核心能力
- 基于全面数字化，转型成为具有竞争优势的移动出行服务商

只有认知正确了,数字化转型才能加快实现。

10.1 汽车企业数字化转型的认知

数字化转型是颠覆性的,将引发汽车产业、产品形态、商业模式、服务模式的深刻改变。笔者认为,对汽车产业变革、汽车产品及其服务新形态、数字化转型必然性和紧迫性等方面的认知是推进数字化转型的关键。

10.1.1 对汽车产业变革的认知

数字化引发汽车产业的深刻变革:汽车产品有了新形态,汽车制造有了新方式,汽车商业活动有了新模式,汽车产业将形成新生态。全球汽车产业既迎来新的增长机遇,也迎来产业变革的阵痛,以及产业格局和分工的巨大变化。

(1)汽车产业的微笑曲线 2.0

在第 1 章,笔者提出了在数字化时代,制造业价值链各环节附加值不再遵循传统微笑曲线所表达的特征,制造业价值链研发端的附加值将大大提高,同时另一端也将从营销延伸到服务,是为微笑曲线 2.0。对于智能网联汽车来说,汽车的智能化使得汽车软件在价值链中的比重越来越大。软件"赢者通吃"和"复制零成本"这两个特点将大幅提升智能汽车研发附加值;汽车的网联化和共享化使汽车企业的价值链延伸到服务。传统汽车企业的数字化转型要更加重视研发和服务。

（2）"新四化"是传统汽车与 ICT 技术的融合，汽车企业或 ICT 企业不是简单的跨界

汽车产品的发展趋势是"新四化"，即"电动化、智能化、网联化、共享化"。汽车的"新四化"是传统汽车与 ICT 技术的融合。只有与 ICT 融合的智能网联汽车才有竞争力，传统的汽车企业将被逐步淘汰出局。正如大众汽车 CEO 迪斯所言："传统汽车制造商的时代已经结束了。"

智能网联汽车产品本身的智能化主要依赖软件，而汽车产品的服务则主要依赖网联化和云生态服务。传统的汽车企业造车和互联网公司造车都各有优势，不仅可以说互联网造车是跨界到汽车产业造汽车，也可以说汽车企业跨界到 ICT 产业做物联网产品。如果要说跨界，从很多方面来看，汽车企业跨界到 ICT 产业难度更大。

（3）传统汽车企业对标的对象

对标，是汽车企业常有的一项工作内容。传统汽车企业非常重视对标工作，既有新车产品对标，也有研发和生产效率、产品成本和质量的对标。在过去，汽车企业基本上都是在汽车企业之间对标。

汽车产品"新四化"的发展趋势，要求汽车企业的对标对象有所改变。

试想一下，传统的出租车公司正在被网约车公司颠覆。传统出租车公司的对标如果仅限于相互之间，对标其他出租车公司的先进管理经验、精益经营，而不是对标网约车的模式创新，以后对标的传统出租车公司都被网约车颠覆了，这种对标还有什么意

义呢？

因此，传统汽车企业不仅要与同行对标，还要与ICT企业对标，对标数字化运营、数字化产品开发能力、数据智能应用能力。对于中国汽车企业而言，除了对标传统汽车企业，还要对标华为、腾讯、百度等互联网企业（应用数据的能力）。

丰田汽车董事长丰田章男说："丰田将转型为移动出行公司，竞争对手不是大众而是苹果、谷歌。"丰田将竞争对手瞄准为ICT企业，竞争对手才是真正需要对标的对象。

10.1.2　对汽车产品及其服务新形态的认知

汽车产品将从为用户从A点到B点的移动工具，转变为移动出行的生态服务产品，并成为办公室、家庭之外的第三空间。

（1）汽车产品是生态的一员，产品的价值更在服务

汽车从机电产品发展到今天的智能网联汽车，已经不是单一的产品。智能网联汽车通过对周围车辆、道路、环境及云端的感知以及智能应用的集成，成为生态系统中的一员。汽车将成为移动出行的新空间，汽车产业将成为移动出行的服务产业。

传统汽车和ICT技术不断融合，打造面向未来的智能网联汽车。车联网的发展经历了车载信息系统和智能网联阶段，将走向智慧出行阶段。未来，随着自动驾驶技术、5G、V2X、高精地图等技术的不断成熟，将实现人—车—路—云等数据交互，使智慧出行成为可能。

智能手机具有非常丰富的功能，几乎能提供衣食住行所需要的一切服务。但是，智能手机的绝大多数服务并不是来自手机

本身，而是来自云端的生态。试想一下，智能手机如果与网络切断，还有多少功能可以使用呢？没有联网的手机，只剩下拍照、浏览手机中的照片、看时间等少数几个功能。智能网联汽车也是一样的。服务将是未来汽车产品的核心价值所在。

（2）要打造生态以提升产品竞争力

未来汽车将是我们生活和工作中的伙伴，具备移动办公、休闲娱乐、生活管家等丰富的应用场景，智慧出行将彻底改变出行方式。移动出行的各种场景需要得到的服务正是全面数字化汽车企业的竞争优势所在。前面章节论述的汽车企业核心能力建设、基础服务平台建设、重点领域的数字化是为用户提供超出期待体验的关键举措。

汽车的品质，将从今天由产品定义变为未来由"产品+用户体验"定义。

10.1.3 对数字化转型必然性和紧迫性的认知

数字化正在改变着每个行业，每一家企业都必须面对这一严峻事实。汽车企业的管理者应该充分认识到数字化转型的必然性。

传统的一定会被数字化颠覆。如果企业不能真正理解数字化带来的改变，并随之做出调整，哪怕它现在还处于一个相对领先的位置，也依然可能会被淘汰出局。今天的龙头企业完全可能被数字化企业或新兴的小企业通过跨界竞争所颠覆。

例如，几年前用于取款、存款业务的ATM非常火爆，几乎每个地方的商场、单位大楼、街道、银行都配有ATM。开发和管理ATM的企业发展迅猛。然而，在移动支付出现后，人们转眼之间开始使用微信支付、支付宝支付。从现金支付到移动支付，是从物理方式到数字化方式的转变。ATM业务断崖式下跌，ATM龙头企业也随着业务的下跌几乎被淘汰。

汽车企业的管理者应该充分认识到数字化转型的紧迫性。

数字化转型带来产业形态、商业及盈利模式、企业运行机制、管控模式和组织形态的重大变化。软件定义汽车，平台赋能业务。传统企业数字化转型十分紧迫。

以汽车产品开发为例，必须转变观念。产品数字化的核心是汽车软件的开发和应用。一款汽车即便再受欢迎，也无法占领全部市场，竞争对手的同类车型多少可以抢占一定的市场，所以能存活的汽车企业可以有很多。但如果以这种开发传统汽车的惯性思维来开发智能网联汽车及其软件将是很危险的。由于软件具有赢者通吃、复制零成本的特点，对于汽车软件，例如汽车的操作系统、智能座舱平台、智能驾驶平台、V2X等，一旦竞争企业的产品开发成功并被市场接受，就会迅速占领大部分市场，开发晚了或再开发相似产品意义就不大了。基于此，在"软件定义汽车"的时代，观念上的数字化转型是紧迫的。

未来所有的企业要么是数字化原生企业，要么是数字化转型成功的企业，那些没有数字化能力的企业将不复存在。麦肯锡断言："Digital or Die！"（要么数字化，要么死路一条！）

10.2 汽车企业数字化转型的实现

越来越多的企业高层管理者认识到数字化转型的重大战略意

义,也认同数字化转型是企业战略,于是开启了由企业最高管理者亲自领导的数字化转型。

汽车企业成功实现数字化转型的影响因素很多,前面已经系统论述过了。总结起来,可以概括为企业数字化转型始于战略,重在技术,根在业务,成于管理。

具体地说就是,数字化转型以数字化技术为前提,但并不只是数字化技术本身,它本质上是业务的转型,而业务转型必须以企业战略为主导,以市场变化、客户需求为指引,以组织变革、流程优化、人员能力为保障,以企业文化、环境机遇来促成。基于这种理念推进数字化转型是企业成功的关键。

数字化转型是企业生存发展之刚需,绝不能跟风趋势,为转型而转型。笔者认为,汽车企业的数字化转型,要将"做数字化转型的推动者;以用户为中心,经营用户和服务用户;基于全面数字化,转型为具有竞争优势的移动出行服务商"作为关键。

10.2.1 做数字化转型的推动者

数字化转型是由企业"一把手"领导的与企业战略、组织变革、业务创新、高效运营和生态建设等相关的体系化、组织化、流程化、数据化和智能化的大工程,涉及时间长、组织多、人员众、流程长、系统广、复杂程度高等挑战。数字化转型涉及企业全员。其中,企业的领导者和高层管理人员、业务人员、IT团队以及其他员工都有各自的职责。

(1)领导者和高层管理人员

数字化转型需要高层管理者在转型意识和战略上高度重视。

通过自上而下的企业文化变革和内外部意识宣导与培养，让不同层级管理者对数字化转型工作达成统一的认知。

意识和认知的转型关键在于企业"一把手"。"一把手"意识和认知到位了，数字化转型才有了真正的初心。在战略上"一把手"是推进的关键。

在具体推进过程中，CDO 和 CIO 们要发挥领军人物的作用。企业数字化转型是由上至下的变革，决策领导机构一定要有数字化转型的领军人才和专业人才。企业需要用数字化理念引领企业战略、组织、流程、业务与交付模式的全面转型，必须把数字化思维作为生存发展的第一思维。

企业的人力资源部门，特别是人力资源部负责人，要深刻认识到数字化时代给企业带来的巨大变化，在人员招聘、全员培训、组织建设和改革各方面为企业数字化转型提供支持。

（2）业务人员

数字化转型是业务的转型，是业务的数字化，是业务模式的转变。企业业务人员要认识到如何将自己的业务工作从目前传统的方式转型升级到在数字空间开展。

数字化转型是对传统方式的颠覆，既可以颠覆一个产业（如电商对实体商店的颠覆），也可以颠覆一个业务领域（如数字化营销对传统营销方式）或业务行为方式（如移动支付对现金支付）。因此，不管你处在哪个产业，负责什么业务领域和工作，领导哪个部门和团队，如果不朝着数字化的方向转型，就会被其他人打造的数字化新模式颠覆。

产品开发、技术创新、生产经营、营销服务等所有业务人员都要认识到数字化带来的模式创新，应积极、主动地主导推动各自业务的数字化。

（3）IT团队

不像信息化可以由IT部门主导，数字化转型是由业务部门主导。企业的信息化需求将逐步减少，数字化需求将迅速增加。IT团队除了要继续过去的信息化，更要积极参与到企业数字化转型中去。

第3章详细阐述过，无论是信息化还是数字化，都是信息技术与产品和业务的融合。IT人员的专长是信息技术，具有信息技术（包括软件、信息系统、平台架构、网络、安全等）的理论知识和实际应用经验。一方面，IT人员具有信息技术专业知识的优势，因而在学习、理解产品和业务数字化的应用与价值方面比起其他人员更加容易；另一方面，IT人员经过多年的信息化建设，对信息系统的思路、方法、应用非常熟悉，往往容易墨守成规，盲目自信，将信息化错误地当成数字化。为此，IT团队必须深刻认识到信息化和数字化的区别，必须快速转型为数字化团队。

数字化的IT团队要成为企业领导和管理者、业务人员、其他员工的数字化转型培训师、宣贯者，推动和辅助产品和业务人员开展数字化转型工作。IT团队自身的工作要从信息系统建设转向专注于企业数据资产管理、数据中台构建，以发挥数据的价值。

（4）全体员工

最后，传统汽车企业的数字化转型是高度复杂的。要动员全体人员积极参与，强力推动战略落地实施，制定战略闭环管理，开展战略评价和迭代优化。企业要营造基于数字化思维创新的氛围，包括营造自学习、自驱动、创新思维的数字化人才培养氛围，宣扬人人都是践行者，人人都是驱动力的企业文化。

10.2.2 "以用户为中心"，经营用户和服务用户

除了数据，用户对企业来说也是宝贵的资产。传统汽车企业更是要树立起用户是资产的观念。

（1）将用户作为汽车企业的资产

传统汽车企业的资产主要有高度自动化的生产线，数字化转型使得数据成为企业新的资产。用户，也将成为传统汽车企业的资产。

经营用户正是 ICT 企业的巨大优势。ICT 企业经营数字化平台和产品的最有效手段是聚集用户。有了庞大的用户群，数字化平台的价值就能得到快速放大，数字化服务就能产生巨大收益。

汽车企业的用户都是百万、千万级的，然而遗憾的是，传统汽车企业还没有真正与用户产生密切连接，"用户至上"还停留在为用户提供更好的产品、更好的服务态度这一传统思维上。

ICT 企业的用户通常是"看不见"的用户，而汽车企业的用户是"看得见"的用户。ICT 企业的用户之所以看不见，是因为他们并不拥有 ICT 企业的实体产品。他们为了得到数字化平台的服务，必须首先注册成为用户。例如，要使用网约车，首先必须在网约车平台上注册。百度门户、滴滴出行、南方航空 App 等数字化平台都要求用户首先注册，这些用户是"看不见"的。

"看不见"的用户在数字化平台上的浏览、购物、搜索、评论等行为为平台的拥有者提供了经营用户的基础。利用平台沉淀用户多维度信息，完善用户标签体系，建立用户360°画像，建立用户的深度洞察，挖掘用户全生命周期的多种服务需求，持续形成多维度全生命周期的商业机会，平台拥有者就能将用户这一宝贵资产变现，就可以获得巨大的商业价值。

而汽车企业的用户是车主。车主买了车，就拥有了汽车企业的产品，成为"看得见"的用户。然而，汽车企业虽然也获得了这些用户的信息，如购车时用户提供的个人信息以及各种相关信息，但这些信息保存在信息系统（如 CRM 系统、DMS）中并不能发挥多大作用。因为车主的用车信息、维修记录、车辆状况都没有采集与保留。只有车联网的出现，才使得车主（用户）通过车联网这一数字化运营平台与汽车企业实现了连接。

每家汽车企业都有"看得见"的巨大用户群体，对这些用户深度经营、管理、服务，就能产生巨大价值。越来越多的汽车企业开发了自己的 App，这是经营用户的好的开始。目前的 App 大多是功能型的，主要用来为特定功能服务，例如用车服务。汽车企业需要将 App 建设为超级 App，对用户进行全生命周期运营，与用户进行全天候沟通，构建车主和粉丝社区，实现售前—售中—售后全环节的服务。功能 App 只是车主的刚需，而超级 App 才是数字化的创新平台。

汽车企业还要加大力度管理和挖掘用户这一宝贵资产。

（2）打造直达用户的数字化运营平台

建立数字化"平台"来运营业务是由互联网公司率先创造

的新一代商业模式，其巨大成功吸引着所有传统产业向"平台模式"转型升级。

传统汽车企业要突破过去信息化建设时期的信息系统主要面向内部用户的局限，建设面向社会用户的数字化运营平台，包括车联网平台、数字化营销平台、汽车商城、企业 App 等数字化平台。这样，汽车企业就能够通过数字化运营平台实现直达用户，服务用户，实现前台的在线化，后台的数据化，打通全价值链流程和数据，实现数据的智能创新。

数字化运营平台也为用户画像创造了条件。通过对客户更精准、立体的画像，企业就可以应用大数据技术开展一系列业务的优化应用。

（3）因用户行为而变的数字化服务

数字化平台赋能业务无形中引起了用户行为的悄然改变。过去用户买车都是通过一些亲戚朋友介绍，现在都习惯于在网上获取意向车型的信息，车的品牌、口碑、质量、舆情决定了这款车的竞争力。网络已经成为用户获取信息的主要来源，用户在购物时越来越期望与制造商和经销商有更多的交互。用户购买行为的数字化已经对整车厂的销售模式提出了新的要求。用户购买产品时希望能够双向沟通交流，使用产品时注重体验和分享。

购买行为起始于互相感知，基于千人千面的精准营销能够激发用户的兴趣。移动在线使得互动成为可能，因而可以进一步沟通，最后达成购买意愿和行动。用户用车后的体验分享将影响朋友圈好友甚至其他网民购买产品的意向。

10.2.3 将信息技术作为核心使能技术应用于汽车产品和业务

在信息化时代,信息技术带给企业的主要价值是为业务提供支撑,是辅助的作用。无论是企业领导和管理层、业务人员,还是 IT 团队自身,都逐渐形成了这样一种看法:在企业中,产品和业务是第一位的,信息技术只是支撑工具。

如第 3 章所述,信息技术与产品和业务的融合分为三个阶段,即辅助、支撑、支配。在数字化时代,信息技术已经开始在产品和业务中发挥支配作用。信息技术对产品和业务的价值与重要性有了根本性的改变,我们必须重新认知信息技术的价值,并在产品开发和业务开展中积极应用信息技术。

(1)对信息技术价值的正确认知

目前一个十分普遍的现象是,企业大多数人还是以习惯性的思维将信息技术看作一种辅助的工具和手段。

数字化应用越深的企业,信息技术在其中的作用越大。从企业管理者到员工都要认识到这一根本性的变化,不要还是将信息技术的价值等同于之前在传统信息化中能够产生的价值,仍然认为信息技术只能起到辅助的作用。只有这样,才能重视信息技术在产品、业务各方面的应用,才能加快推进产品的数字化和业务的数字化,才能建立面向数字化未来的团队,才能在资源配置上向数字化的方向倾斜。

(2)在产品开发和业务开展中应用信息技术

在信息技术应用还处在辅助阶段时,企业能够做的是信息化。信息化可以由业务部门提需求，IT团队主导实施建设。当信息技术在产品和业务中处于支配地位时，所有产品和业务人员都要尽可能以信息技术（包括软件和平台）去开展产品开发和业务工作。在开发产品和开展业务工作时，我们要努力思考是否能够用软件和平台部分或完全取代目前的方式。在与同行交流或对标时，我们要特别关注同一个产品或工作任务，别人是否放弃了传统的做法，而采用数字化的方式来开展。

因此，信息技术是全员开展工作的新的使能技术，企业要形成数字化文化。

10.2.4 打造汽车企业在未来竞争中的核心能力

全面数字化汽车企业具有应对未来竞争的核心能力：软件定义、平台运营、业务在线、数据智能。软件定义是产品数字化的构建技术；平台运营是业务从信息化走向数字化的模式创新；业务在线是基于移动互联技术建立业务参与者与业务活动的桥梁，为业务协同开展提供的手段；数据智能则是数字化的核心，即应用数据驱动业务。

传统汽车企业的资产主要是汽车制造生产线等重资产。全面数字化汽车企业具有了核心能力，就能实现全面连接，就能使数据成为企业的资产，使用户成为企业的资产。

汽车企业有了数据资产，就能实现数字化运营、智能化运营。

汽车企业有了用户资产，就能在产品企划、制造方式、营销目标、服务个性化等汽车产业全价值链上实现以用户为中心，为用户提供超出期待的产品和服务。

以软件定义产品，以平台运营业务，一切业务工作随时随地可及，将数据作为企业的核心资产，激活数据价值，提高数据应用能力，从而提升企业的数字化核心能力。

数字化转型使企业实现模式创新，具备解决同行业高度同质化竞争问题的能力。

企业的其他能力还有组织架构、创新模式、数字化架构、用户洞察等。

10.2.5 基于全面数字化，转型为具有竞争优势的移动出行服务商

汽车企业在实现汽车产品"新四化"的同时，也应该实现"以用户为中心"的全面数字化。要打造数字化汽车企业，将价值创造过程的重点从硬件制造转移到软件开发和服务提升。

全面数字化企业在全产业链上以连接和数据为核心，实现产品和业务感知无所不在，连接无所不在，数据无所不在，计算无所不在，服务无所不在。数字化的汽车企业将具有应对未来竞争的核心能力，实现产品数字化、业务数字化、竞争优势生态化、数据资产价值化等多方面的数字化。

全面数字化汽车企业提供两个基础平台保障：统一的云服务生态平台和统一的大数据平台。移动出行服务商要为用户提供基于数字化的极致服务，就必须建立统一的云服务生态平台和统一的大数据平台，以实现数据的智能应用：统一的数据接入能力、统一的数据整合能力、统一的数据服务能力、统一的数据应用能力。

传统汽车企业通过数字化转型为全面数字化企业，本着"以用户为中心"的服务理念，突出数字化技术竞争优势，转型为具有竞争优势的移动出行服务商。

然而值得指出的是，在数字化时代，汽车企业的竞争将和互联网产业一样，只有少数龙头企业才能在激烈的市场竞争中胜出并生存下来。数字化的大潮已经来临，竞赛开始了！

英文缩略词表

A

AEB: Autonomous Emergency Braking

AR: Augmented Reality

B

B/S：Browser/Server

B2B: Business to Business

BOM: Bill Of Material

BMS: Battery Management System

B2C: Business to Customer

C

C/S：Client/Server

CPU：Central Processing Unit

CAD: Computer-Aided Design

CAE: Computer-Aided Engineering

CDP: Customer Data Platform

CPS: Cyber-Physical System

CIO: Chief Information Officer

CEO: Chief Executive Officer

D

DMS: Dealer Management System

DIY: Do It Yourself

DSRC: Dedicated Short-Range Communication

DW: Data Warehouse

DM: Data Market

E

ERP: Enterprise Resource Planning

ECU: Electronic Control Unit

ET: Engineering Trial

ESB: Enterprise Service Bus

F

FSD: Full Self-Driving

G

GDP: Gross Domestic Product

H

HUD: Heads-Up Display

I

ICT: Information and Communication Technology

IoT: Internet of Things

IVI: In-Vehicle Infotainment

M

MES: Manufacturing Execution System

MPV: Multi-Purpose Vehicle

N

NVH: Noise, Vibration, Harness

O

O2O: Online to Offline

OEM: Origin Equipment Manufacturer

OS: Operating System

OTA: Over The Air

OTD: Order To Deliver

ODBC: Open Database Connectivity

ODS: Operational Data Store

OT: Operational Technology

P

P2P: Peer to Peer

PC: Personal Computer

PLM: Product Lifecycle Management

PT: Production Trial

PMS: Project Management System

PDM: Product Data Management

R

RFID: Radio Frequency IDentification

S

SRM: Supplier Relationship Management

SUV: Sport Utility Vehicle

SOA: Service-Oriented Architecture

SCM: Supply Chain Management

SSO: Single Sign On

U

UBI: Usage-Based Insurance

V

VIN: Vehicle Indentification Number

VR: Virtual Reality

V2I: Vihicle to Infrastructure

V2V: Vehicle to Vehicle

V2P: Vehicle to Pedestrian